Satz für Satz **FRANZÖSISCH A1** Grammatik üben mit der Übersetzungs-Methode

von
Janina Radej

PONS

Satz für Satz
Französisch A1
Grammatik üben mit der
Übersetzungs-Methode

von
Janina Radej

Basiert auf ISBN 978-3-12-562162-6

2. Auflage 2025

Originaltitel: Francuski w tłumaczeniach. Gramatyka 1

Übersetzung und Bearbeitung der Grammatiktexte: Dr. Anke Levin-Steinmann
Übersetzung und Bearbeitung der Übungssätze: Dr. Christiane Wirth
Redaktion: Torsten Lasse
Logoentwurf: Erwin Poell, Heidelberg
Logoüberarbeitung: Sabine Redlin, Ludwigsburg
Satz: Design Depot Ltd., www.design-depot.eu
Druck und Bindung: Multiprint Ltd., Kostinbrod

ISBN: 978-3-12-566050-2

Vorwort

Kennen Sie das? Sie lernen eine Grammatikregel, lesen die Erklärungen – und wenn es daran geht, das Wissen in die Praxis umzusetzen, werden Sie plötzlich unsicher ...
Mit der PONS Übungsgrammatik *Satz für Satz* Französisch A1 lernen Sie auf eine einzigartige Art und Weise die Grammatik der französischen Sprache, indem Sie einfache deutsche Sätze aus dem Alltag ins Französische übersetzen. Dadurch erwerben Sie einerseits Kenntnisse über die grammatischen Phänomene, andererseits erweitern Sie durch das Übersetzen Ihren Wortschatz. Tipps und Erklärungen zu den Sätzen helfen Ihnen, die Regeln richtig anzuwenden.

Das Buch enthält 35 Lektionen mit Übungen und Erklärungen zur französischen Grammatik auf der Niveaustufe A1 des Gemeinsamen Europäischen Referenzrahmens (GER). Jede Lektion enthält 36 Sätze zu alltäglichen Themen.

Und so gehen Sie vor:

1. Auswählen

Wählen Sie im Inhaltsverzeichnis ein bestimmtes Grammatikthema, das Sie interessiert bzw. in dem Sie sich verbessern wollen.

2. Übersetzen

Decken Sie die auf der rechten Seite stehenden Lösungen mit einem Blatt ab, und übersetzen Sie die deutschen Sätze auf der linken Seite ins Französische auf den dafür vorgesehenen Schreiblinien. Wenn Sie Ihren Wortschatz erfolgreich erweitern möchten, kommen Sie um die intensive Nutzung eines Wörterbuchs nicht herum. Online können Sie z. B. www.pons.de nutzen.

3. Lösungen vergleichen

Die Lösungen stehen dann ohne langes Blättern direkt neben Ihren Übersetzungen auf der rechten Seite. Vergleichen Sie Ihre Übersetzungen mit den Lösungen. Im Zweifelsfall oder bei Fragen helfen die Grammatiktipps und -regeln auf der rechten Seite in der rechten Spalte.

Hinweis: Die PONS-Redaktion ist sich durchaus bewusst, dass es nicht immer nur eine richtige Lösung beim Übersetzen geben kann. Dennoch haben wir hier nur eine Lösung angegeben, von der wir denken, dass sie am besten passt.

Ein Grammatikthema ist Ihnen noch gänzlich unbekannt? Kein Problem! Dann lesen Sie zuerst die Grammatikerklärungen auf der rechten Seite und übersetzen danach die Übungsseite.
Dieses Buch kann sowohl als Zusatzmaterial zu einem Sprachkurs als auch zum reinen Selbststudium verwendet werden.

Viel Erfolg!

Ihre PONS-Redaktion

Benutzerhinweise

1. **Wählen Sie ein Thema** aus. Decken Sie die Lösungen auf der rechten Seite ab.

3. **Decken Sie die Lösungen auf** und prüfen Sie Ihre Übersetzung.

4. Hier finden Sie Erklärungen zur **Grammatik**, nützliche Tipps und Kommentare zu den häufigsten Fehlern.

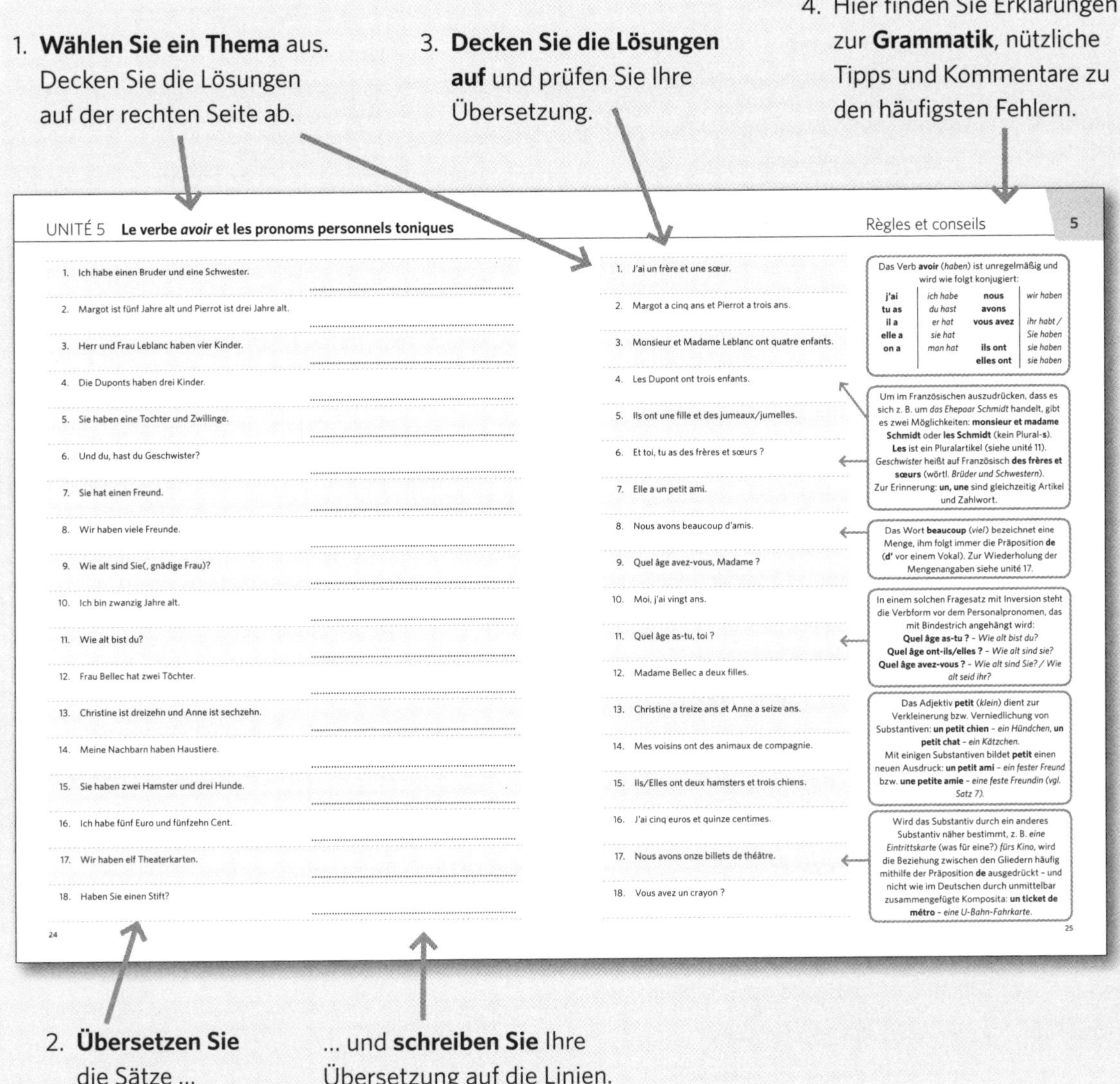

UNITÉ 5 **Le verbe *avoir* et les pronoms personnels toniques**

1. Ich habe einen Bruder und eine Schwester.
2. Margot ist fünf Jahre alt und Pierrot ist drei Jahre alt.
3. Herr und Frau Leblanc haben vier Kinder.
4. Die Duponts haben drei Kinder.
5. Sie haben eine Tochter und Zwillinge.
6. Und du, hast du Geschwister?
7. Sie hat einen Freund.
8. Wir haben viele Freunde.
9. Wie alt sind Sie(, gnädige Frau)?
10. Ich bin zwanzig Jahre alt.
11. Wie alt bist du?
12. Frau Bellec hat zwei Töchter.
13. Christine ist dreizehn und Anne ist sechzehn.
14. Meine Nachbarn haben Haustiere.
15. Sie haben zwei Hamster und drei Hunde.
16. Ich habe fünf Euro und fünfzehn Cent.
17. Wir haben elf Theaterkarten.
18. Haben Sie einen Stift?

24

Règles et conseils 5

1. J'ai un frère et une sœur.
2. Margot a cinq ans et Pierrot a trois ans.
3. Monsieur et Madame Leblanc ont quatre enfants.
4. Les Dupont ont trois enfants.
5. Ils ont une fille et des jumeaux/jumelles.
6. Et toi, tu as des frères et sœurs ?
7. Elle a un petit ami.
8. Nous avons beaucoup d'amis.
9. Quel âge avez-vous, Madame ?
10. Moi, j'ai vingt ans.
11. Quel âge as-tu, toi ?
12. Madame Bellec a deux filles.
13. Christine a treize ans et Anne a seize ans.
14. Mes voisins ont des animaux de compagnie.
15. Ils/Elles ont deux hamsters et trois chiens.
16. J'ai cinq euros et quinze centimes.
17. Nous avons onze billets de théâtre.
18. Vous avez un crayon ?

Das Verb **avoir** (*haben*) ist unregelmäßig und wird wie folgt konjugiert:

j'ai	*ich habe*	**nous avons**	*wir haben*
tu as	*du hast*	**vous avez**	*ihr habt / Sie haben*
il a	*er hat*	**ils ont**	*sie haben*
elle a	*sie hat*	**elles ont**	*sie haben*
on a	*man hat*		

Um im Französischen auszudrücken, dass es sich z. B. um *das Ehepaar Schmidt* handelt, gibt es zwei Möglichkeiten: **monsieur et madame Schmidt** oder **les Schmidt** (kein Plural-**s**). **Les** ist ein Pluralartikel (siehe unité 11). *Geschwister* heißt auf Französisch **des frères et sœurs** (wörtl. *Brüder und Schwestern*). Zur Erinnerung: **un, une** sind gleichzeitig Artikel und Zahlwort.

Das Wort **beaucoup** (*viel*) bezeichnet eine Menge, ihm folgt immer die Präposition **de** (**d'** vor einem Vokal). Zur Wiederholung der Mengenangaben siehe unité 17.

In einem solchen Fragesatz mit Inversion steht die Verbform vor dem Personalpronomen, das mit Bindestrich angehängt wird: **Quel âge as-tu ?** - *Wie alt bist du?* **Quel âge ont-ils/elles ?** - *Wie alt sind sie?* **Quel âge avez-vous ?** - *Wie alt sind Sie? / Wie alt seid ihr?*

Das Adjektiv **petit** (*klein*) dient zur Verkleinerung bzw. Verniedlichung von Substantiven: **un petit chien** - *ein Hündchen*, **un petit chat** - *ein Kätzchen*. Mit einigen Substantiven bildet **petit** einen neuen Ausdruck: **un petit ami** - *ein fester Freund* bzw. **une petite amie** - *eine feste Freundin (vgl. Satz 7)*.

Wird das Substantiv durch ein anderes Substantiv näher bestimmt, z. B. *eine Eintrittskarte* (was für eine?) *fürs Kino*, wird die Beziehung zwischen den Gliedern häufig mithilfe der Präposition **de** ausgedrückt - und nicht wie im Deutschen durch unmittelbar zusammengefügte Komposita: **un ticket de métro** - *eine U-Bahn-Fahrkarte*.

25

2. **Übersetzen Sie** die Sätze ...

... und **schreiben Sie** Ihre Übersetzung auf die Linien.

Inhalt

UNITÉ 1 **Les expressions utiles**

1. Guten Morgen. / Guten Tag. ……………………………………………………

2. Guten Abend. ……………………………………………………

3. Hallo! ……………………………………………………

4. Wie geht es dir? ……………………………………………………

5. Danke, mir geht es gut. ……………………………………………………

6. Und dir? ……………………………………………………

7. Es geht so. ……………………………………………………

8. Schönen Abend (noch). ……………………………………………………

9. Schönen Tag (noch). ……………………………………………………

10. Gute Nacht. ……………………………………………………

11. Entschuldigung. ……………………………………………………

12. Auf Wiedersehen. ……………………………………………………

13. Bis bald. ……………………………………………………

14. Bis später. ……………………………………………………

15. Bis morgen. ……………………………………………………

16. Da ist es, bitte. ……………………………………………………

17. Vielen Dank. ……………………………………………………

18. Gern geschehen. ……………………………………………………

1. Bonjour.
2. Bonsoir.
3. Salut !
4. Comment ça va ?
5. Merci, ça va (bien).
6. Et toi ?
7. Comme ci, comme ça.
8. Bonne soirée.
9. Bonne journée.
10. Bonne nuit.
11. Pardon.
12. Au revoir.
13. À bientôt.
14. À tout à l'heure.
15. À demain.
16. Voilà, s'il vous plaît / s'il te plaît.
17. Merci beaucoup.
18. De rien.

Wenn man sich direkt an eine Person wendet, braucht man im Französischen zusätzlich die Höflichkeitsformen **monsieur** (*Herr*), **madame** (*Frau*), **mademoiselle** (*Frau, Fräulein*).

Salut sagt man zur Begrüßung und zum Abschied im Freundes- und Bekanntenkreis

Es wird auch die Kurzform der Frage **Ça va ?** verwendet.

Bitte beachten Sie, dass in der französischen Typografie vor dem Frage- und Ausrufezeichen i. d. R. ein Leerzeichen gesetzt wird (siehe auch Sätze 3 und 4).

Zur Verabschiedung am Morgen sagt man **bonne journée** und wünscht damit *einen schönen (guten) Tag*, abends sagt man **bonne soirée**.

Bonne nuit sagt man vor dem Schlafengehen.

Pardon ist die einfachste allgemeine Entschuldigungsformel. Man kann auch **monsieur, madame** oder **mademoiselle** hinzufügen: **Pardon, madame...** Weiterhin gibt es die Variante **excusez-moi** bzw. **excuse-moi**.

Über den Buchstaben **a** oder **u** finden sich häufig Akzente, die nach oben links weisen (`) – hierbei handelt es sich um den so genannten **accent grave**: **à**, **où**.
Der Buchstabe **e** weist verschiedene Akzentarten auf: neben demjenigen, der nach oben links zeigt (**è**) auch den **accent aigu**, der nach oben rechts zeigt (**é**). – Siehe zum **accent grave** auch Seite 31. Zudem gibt es den **accent circonflexe**, der mit allen Vokalen vorkommen kann.

Den Ausdruck **s'il <u>vous</u> plaît** (*bitte*) gebraucht man bei der Anrede von Personen, die man siezt, **s'il <u>te</u> plaît** dagegen bei der Anrede von Personen, die man duzt.

19. Bitte. ……………………………………………

20. Achtung! ……………………………………………

21. Einverstanden. ……………………………………………

22. Ich möchte dir ... vorstellen. ……………………………………………

23. Freut mich sehr. ……………………………………………

24. Wie heißt du? ……………………………………………

25. Mein Name ist ... ……………………………………………

26. Ich verstehe (es) nicht. ……………………………………………

27. Ich weiß es nicht. ……………………………………………

28. Vielleicht. ……………………………………………

29. Wie heißt es? ……………………………………………

30. Wo ist ...? ……………………………………………

31. Sehr gut. / Okay. ……………………………………………

32. Das ist großartig. ……………………………………………

33. Gern. ……………………………………………

34. Mit Vergnügen. ……………………………………………

35. Sehr gut, danke. ……………………………………………

36. Viel Glück! / Viel Erfolg! ……………………………………………

19. S'il vous plaît. / S'il te plaît.

20. Attention !

21. D'accord.

22. Je te présente...

23. Enchanté(e).

24. Comment tu t'appelles ?

25. Je m'appelle...

26. Je ne comprends pas.

27. Je ne sais pas.

28. Peut-être.

29. Comment ça s'appelle ?

30. Où est... ?

31. Très bien. / OK.

32. C'est super.

33. Volontiers.

34. Avec plaisir.

35. Très bien, merci.

36. Bon courage !

Möchte man etwas kaufen oder bestellen, sagt man am besten:
Une baguette, s'il vous plaît. – *Ein Baguette, bitte.*
Un café, s'il vous plaît. – *Einen Kaffee, bitte.*

Im Plural und bei der Anrede einer Person, die man siezt, sagt man: **Je vous présente...** – *Ich möchte euch/Ihnen ... vorstellen.*

Als Reaktion auf die Vorstellung kann man sowohl **Enchanté(e)** als auch in Form eines ganzes Satzes **Je suis enchanté(e)** sagen. Das zusätzliche **e** weist darauf hin, dass eine weibliche Person spricht.

Wenn man die angesprochene Person siezt, lautet die entsprechende Frage: **Comment vous appelez-vous ?** – *Wie heißen Sie?*

In der Umgangssprache hört man oft die Kurzvariante dieses Ausdrucks – **Je sais pas**, ohne die Partikel **ne**.

Im Folgenden die Grundzahlwörter von 1 bis 20:

1	**un** [œ̃]	11	**onze** [ɔ̃z]
2	**deux** [dø]	12	**douze** [duz]
3	**trois** [tʀwa]	13	**treize** [tʀɛz]
4	**quatre** [katʀ]	14	**quatorze** [katɔʀz]
5	**cinq** [sɛ̃k]	15	**quinze** [kɛ̃z]
6	**six** [sis]	16	**seize** [sɛz]
7	**sept** [sɛt]	17	**dix-sept** [disɛt]
8	**huit** [ɥit]	18	**dix-huit** [dizɥit]
9	**neuf** [nœf]	19	**dix-neuf** [diznœf]
10	**dix** [dis]	20	**vingt** [vɛ̃]

Vocabulaire

....

....

....

....

1. Ich bin groß. ....
2. Sie ist klein. ....
3. Monique ist brünett. ....
4. Und Julie? ....
5. Julie ist blond. ....
6. Wir sind Deutsche. ....
7. Jean ist Franzose. ....
8. Er ist Künstler. ....
9. Ist Marc Engländer? ....
10. Er ist Architekt. ....
11. Und sie? ....
12. Sie ist Französin. ....
13. Sie ist Apothekerin. ....
14. Bist du fertig? ....
15. Wir sind hier. ....
16. Sie sind dort. ....
17. Sind Sie Journalisten? ....
18. Sind Sie Arzt? ....

1. Je suis grand(e).
2. Elle est petite.
3. Monique est brune.
4. Et Julie ?
5. Julie est blonde.
6. Nous sommes allemands.
7. Jean est français.
8. Il est artiste.
9. Marc est anglais ?
10. Il est architecte.
11. Et elle ?
12. Elle est française.
13. Elle est pharmacienne.
14. Tu es prêt(e)?
15. Nous sommes ici.
16. Ils/Elles sont là-bas.
17. Est-ce que vous êtes journalistes ?
18. Est-ce que vous êtes médecin ?

Das Verb **être** (*sein*) wird wie folgt konjugiert:

je suis	*ich bin*	**nous sommes**	*wir sind*
tu es	*du bist*	**vous êtes**	*ihr seid / Sie sind*
il est	*er ist*	**ils sont**	*sie sind*
elle est	*sie ist*	**elles sont**	*sie sind*
on est	*es ist / man ist*		

Die Form **on est** verweist auf keine konkrete Person, deshalb übersetzt man sie ins Deutsche mit *es ist* oder *man ist*. In der Umgangssprache wird sie oft statt der 1. Pers. Pl. – *wir sind* – verwendet.

Wenn am Wortende ein **e** steht, wird es zwar selbst i. d. R. nicht ausgesprochen (es wird als stummes **e** bezeichnet), dafür wird, wie in diesem Beispiel, der davor stehende Konsonant häufig anders ausgesprochen: **grande, blonde, tombe, vive**.

Wenn ein Wort mit einem Vokal (**a, e, i, o, u**) oder **y** beginnt, wird in vielen Fällen das vorangegangene Wort mit einem Konsonanten im Auslaut mit diesem zusammen gesprochen (wortübergreifende Verbindung, Liaison): **Il est artiste** [ilɛtartist].

Zwischen **et** (*und*) und dem folgenden Wort gibt es keine Liaison (hier heißt es: [e ɛl]).

Wenn **s** zwischen zwei Vokalen steht, wird es generell stimmhaft [z] ausgesprochen, z. B. **rose** [roz] – *rosa*.

Die Frage wird in diesem Fall allein durch die entsprechende Intonation gebildet.

Das feminine Genus von Adjektiv und Substantiv wird i. d. R. durch Hinzufügen von **e** ans Wortende der maskulinen Form gebildet: **français – française, allemand – allemande, prêt – prête, grand – grande, petit – petite**. Bei der maskulinen Form wird der Konsonant am Wortende meist nicht ausgesprochen.

Um Fragen zu bilden, kann man **est-ce que** an den Satzanfang setzen.

19. Sie sind zu viert.

....

20. Sie sind sehr nett(, meine Dame).

....

21. Seid ihr zufrieden?

....

22. Bist du optimistisch?

....

23. Sie ist sehr nett.

....

24. Jean Reno ist Schauspieler. Und Céline Dion?

....

25. Sie ist Sängerin.

....

26. Wir sind zu fünft.

....

27. Michel ist gutaussehend und intelligent.

....

28. Sie sind charmant(, junge Dame).

....

29. Sie sind sehr schön.

....

30. Bist du dort? / Bist du hier/da?

....

31. Ich bin hier/da.

....

32. Wir sind müde.

....

33. Bist du enttäuscht?

....

34. Sie ist sehr stur.

....

35. Er ist aufrichtig.

....

36. Sie sind nett.

....

19. Ils/Elles sont quatre.

20. Vous êtes très gentille, Madame.

21. Est-ce que vous êtes content(e)s ?

22. Tu es optimiste ?

23. Elle est très sympathique.

24. Jean Reno est acteur. Et Céline Dion ?

25. Elle est chanteuse.

26. Nous sommes cinq.

27. Michel est beau et intelligent.

28. Vous êtes charmante, Mademoiselle.

29. Ils/Elles sont très beaux/belles.

30. Tu es là-bas ? / Tu es là ?

31. Je suis là.

32. On est fatigué(e)s. / Nous sommes fatigué(e)s.

33. Tu es déçu(e) ?

34. Elle est très têtue.

35. Il est sincère.

36. Ils/Elles sont gentil(le)s.

Die Angabe einer Personenzahl erfolgt, wie im Deutschen auch, mithilfe einer Form von *sein*:

nous sommes deux	*wir sind zu zweit*
vous êtes trois	*ihr seid zu dritt*
ils sont sept	*sie sind zu siebt*
elles sont huit	*sie sind zu acht*

Zahlwörter sind im Französischen generell unveränderlich (Ausnahme: **un, une**).

Den Plural von Substantiven und Adjektiven bildet man meist durch Anfügen von **s** ans Wortende. I. d. R. wird dieser Laut nicht gesprochen.
Vous êtes kann *ihr seid*, aber auch *Sie sind* bedeuten.
Wenn man sich an eine bestimmte Person wendet, sagt man **monsieur** – *Herr*, **madame** – *Frau*, **mademoiselle** – *Frau* (*Fräulein*) am Satzanfang oder Satzende; hier wird das Pronomen **vous** gebraucht.

Zur Erinnerung: Am Wortende wird ein e generell nicht gesprochen, es ist stumm (**elle** – [ɛl]), auch bei dem Verb **est** wird die Konsonantenverbindung **st** nicht ausgesprochen. **Elle est** wird als **ele** [ɛlɛ] gelesen.

Zu einer unverheirateten Frau sagt man **mademoiselle** – *Frau (Fräulein)*. Da die Übersetzung *Fräulein* im Deutschen kaum noch gebraucht wird, übersetzt man **mademoiselle** i. d. R. mit *Frau*.

Wenn man seine Anwesenheit zeigen möchte, heißt es **je suis là**. **Là** bedeutet *dort*, umgangssprachlich jedoch *hier/da* (wörtl. *Ich bin hier/da*). Man kann auch sagen: **Je suis présent(e).** – *Ich bin anwesend.*

Die Form **on est** wurde hier statt **nous sommes** (*wir sind*) verwendet, deshalb wird das Adjektiv **fatigué(e)s** (*müde*) mit Plural-**s** am Wortende geschrieben.

Vocabulaire

....

....

1. Das ist Marie. ....
2. Das ist ein hübsches Mädchen. ....
3. Und dort? ....
4. Das ist eine Frau. ....
5. Das ist eine Dame. ....
6. Das sind Franzosen und Französinnen. ....
7. Das hier sind Deutsche. ....
8. Das ist ein schönes Lied. ....
9. Ist das ein französisches Lied? ....
10. Das ist ein Garten. ....
11. Das ist ein schöner Garten. ....
12. Das ist ein schönes Haus. ....
13. Sind das russische Sportler? ....
14. Nein, das sind Spanier. ....
15. Und hier / dort, wer ist das? ....
16. Das ist ein Mann. ....
17. Das ist ein gutaussehender Mann. ....
18. Marcel ist ein sehr netter junger Mann. ....

1. C'est Marie.
2. C'est une jolie fille.
3. Et là-bas ?
4. C'est une femme.
5. C'est une dame.
6. Ce sont des Français et des Françaises.
7. Ici, ce sont des Allemands.
8. C'est une belle chanson.
9. Est-ce que c'est une chanson française ?
10. C'est un jardin.
11. C'est un beau jardin.
12. C'est une belle maison.
13. Est-ce que ce sont des sportifs russes ?
14. Non, ce sont des Espagnols.
15. Et ici / là, c'est qui ?
16. C'est un homme.
17. C'est un bel homme.
18. Marcel, c'est un jeune homme très sympathique.

Der Ausdruck **c'est...** hat eine Zeige- bzw. Präsentationsfunktion (*das ist ...*), im Plural heißt es: **ce sont...** (*das sind ...*). Im Singular fällt bei **ce** (*das*) der Vokal **e** vor dem Verb **est** (*ist*) weg, weil zwei (hier gleiche) Vokale aufeinandertreffen (**ce + est**). Dieses Phänomen wird Elision genannt: an die entsprechende Stelle wird der Apostroph **c'est** gesetzt.

Nach den Ausdrücken **c'est** bzw. **ce sont** steht die großgeschriebene Nationalitätsbezeichnung meist mit einem der Artikel **un, une** oder **des**: **C'est une Anglaise.** – *Das ist eine Engländerin.*
Vgl.: **Il est allemand**. – *Er ist Deutscher.*
C'est un Allemand. – *Das ist ein Deutscher.*

Auch hier ist die Liaison in der Aussprache zu beachten, vgl.:
C'est un garçon. – *Das ist (irgend)ein Junge.*
C'est une fille. – *Das ist (irgend)ein Mädchen.*
Ce sont des élèves. – *Das sind (irgend)welche Schüler.*

Viele Substantive haben im Französischen ein anderes Genus als im Deutschen:

une maison (f.)	*ein Haus*
une table (f.)	*ein Tisch*
un groupe (m.)	*eine Gruppe*
un livre (m.)	*ein Buch* (neutr.)

Die Frage nach dem Substantiv *Wer ist das?* kann man in der Umgangssprache wie folgt mit **qui** (*wer*) bilden:
C'est qui ? – *Wer ist das?*
C'est Pierre. – *Das ist Pierre.*

Das Adjektiv **beau** (*schön*) hat die Form **bel** vor einem maskulinen Substantiv, wenn dieses mit einem Vokal (**a, e, i, o, u**) oder einem stummen **h** beginnt:
un bel oiseau – *ein schöner Vogel*
un bel hôtel – *ein schönes Hotel.*

Das Adjektiv **jeune** (*jung*) steht immer vor dem Substantiv, z. B. **un jeune homme** – *ein junger Mann.*

19. Wer ist das? ....

20. Das ist ein neuer Regisseur. ....

21. Ist er Deutscher? ....

22. Ja, er ist Deutscher. ....

23. Sind das Freunde? ....

24. Nein, das sind keine Freunde. ....

25. Es sind Kumpel. ....

26. Das sind keine Geschichtsbücher. ....

27. Das sind Kriminalromane. ....

28. Das ist kein Problem. ....

29. Das ist keine gute Lösung. ....

30. Ist das eine gute Idee? ....

31. Nein, das ist keine gute Idee. ....

32. Das ist kein guter Wein. ....

33. Das ist kein großer Pool. ....

34. Das ist keine große Stadt. ....

35. Ist das ein gutes Restaurant? ....

36. Peugeot ist eine französische Marke. ....

19. Qui est-ce ? / C'est qui ?

20. C'est un nouveau directeur.

21. Il est allemand ?

22. Oui, c'est un Allemand.

23. Est-ce que ce sont des amis ?

24. Non, ce ne sont pas des amis.

25. Ce sont des copains.

26. Ce ne sont pas des livres historiques.

27. Ce sont des romans policiers.

28. Ce n'est pas un problème.

29. Ce n'est pas une bonne solution.

30. Est-ce que c'est une bonne idée ?

31. Non, ce n'est pas une bonne idée.

32. Ce n'est pas un bon vin.

33. Ce n'est pas une grande piscine.

34. Ce n'est pas une grande ville.

35. Est-ce que c'est un bon restaurant ?

36. Peugeot, c'est une marque française.

Wenn eine Frage mit einem Fragewort beginnt, steht danach (wie im Deutschen auch) die Verbform (hier: **est**), in diesem Fall gefolgt von dem Pronomen **ce**, das mit ihm durch einen Bindestrich (**trait d'union**) verbunden ist. Vgl. die zwei Fragetypen für *Wer ist das?*:
C'est qui ? / Qui est-ce ?

In einem Verneinungssatz werden zwei Elemente der Verneinung verwendet. Das erste, **ne**, steht vor dem Verb, das zweite, **pas**, wird hinter das Verb gesetzt:
Ce ne sont pas des touristes. – *Das sind keine Touristen.*

Im Plural werden alle Elemente des Satzes aufeinander abgestimmt:
ce sont + des (Artikel) **+ Substantiv** mit Pluralendung (hier **-s**) **+ Adjektiv** mit Pluralendung (hier ebenfalls **-s**).
Der Plural wird jedoch nicht immer mit **s** gebildet: Bei Substantiven auf **eau** bzw. **au** wird im Plural i. d. R. ein **-x** (statt **-s**) angefügt:
Ce sont des bateaux allemands. – *Das sind deutsche Schiffe.*
Substantive auf **-s** oder **-x** erhalten im Allgemeinen keine Pluralendung.

Auch bei der verneinten Form von **c'est** gibt es eine Elision vor dem Vokal:
c'est = **ce + est**
ce n'est pas = **ce + ne + est + pas**.

Ce n'est pas une guitare. – *Das ist keine Gitarre.*
C'est une violoncelle. – *Das ist ein Violoncello.*
Hierbei wird die Liaison angewendet:
Ce n'est pas un... / Ce n'est pas une...
Das **s** zwischen den zwei Vokalen wird wie ein [z] stimmhaft gesprochen.

Eine Frage kann man entweder mit der Frageintonation oder mit dem Ausdruck **est-ce que** bilden, den man an den Satzanfang stellt. In beiden Fällen wird die Wortfolge des Aussagesatzes beibehalten:
C'est un Italien ? – *Ist das ein Italiener?*
Est-ce que c'est un Italien ? – *Ist das ein Italiener?*
Die Intonation zwischen den Fragetypen unterscheidet sich.

1. Gaspard ist ein kluger Junge. ....
2. Mathilde ist ein kluges Mädchen. ....
3. „Matrix" ist ein außergewöhnlicher Film. ....
4. Das ist ein interessanter Vorschlag. ....
5. Ist es ein bequemes Auto? ....
6. Sie ist eine elegante Frau. ....
7. Das sind lustige Geschichten. ....
8. Es ist ein Stummfilm. ....
9. Das sind leer stehende Wohnungen. ....
10. Goya ist ein spanischer Maler. ....
11. Meryl Streep ist eine amerikanische Schauspielerin. ....
12. Sind das japanische Touristen? ....
13. Kennst du italienische Maler? ....
14. Fünf weiße Rosen, bitte. ....
15. Das sind weiße Schuhe. ....
16. Das sind gelbe Tulpen. ....
17. Das ist eine rote Tasche. ....
18. „Ziemlich beste Freunde" ist ein guter französischer Film. ....

1. Gaspard est un garçon intelligent.
2. Mathilde est une fille intelligente.
3. « Matrix », c'est un film hors du commun.
4. Voilà une proposition intéressante.
5. C'est une voiture confortable ?
6. C'est une femme élégante.
7. Ce sont des histoires amusantes.
8. C'est un film muet.
9. Ce sont des appartements vides.
10. Goya est un peintre espagnol.
11. Meryl Streep est une actrice américaine.
12. Ce sont des touristes japonais ?
13. Tu connais des peintres italiens ?
14. Cinq roses blanches, s'il vous plaît.
15. Voilà des chaussures blanches.
16. Ce sont des tulipes jaunes.
17. Voilà un sac rouge.
18. « Intouchables », c'est un bon film français.

Das Adjektiv steht i. d. R. nach dem Substantiv, nach dessen Genus sich auch seine Form richtet. Bei einem femininen Substantiv erhält das Adjektiv bei regelmäßigen Formen ein stummes **e**, das nicht ausgesprochen wird, dafür aber der letzte Konsonant:

élégant	**élégante**
américain	**américaine**
japonais	**japonaise**
rond	**ronde**

Einige maskuline Adjektivformen haben ein stummes **e** am Wortende. Dann ist die maskuline Form mit der femininen identisch: **vide** – *leer*; **propre** – *sauber*.

Adjektive zur Bezeichnung der Nationalität stehen i. d. R. nach dem Substantiv. Die Genusvarianten unterscheiden sich folgendermaßen:**Ce sont des chemises anglaises.** – *Das sind englische Hemden.*

Maskuline Adjektive auf **-s**, bekommen im Plural keine weitere Endung:
un peintre français – *ein französischer Maler*
des peintres français – *französische Maler.*

Farbadjektive stehen generell nach dem Substantiv:

- Das Maskulinum und das Femininum sind von der Form her gleich:

rouge	*(rot)*
rose	*(rosa)*
jaune	*(gelb)*
beige	*(beige)*

- Das Hinzufügen eines **-e** ans Wortende beim Femininum hat keinen Einfluss auf die Aussprache:

bleu - bleue	*(blau)*
noir - noire	*(schwarz)*

- Das Hinzufügen eines **-e** ans Wortende beim Femininum bewirkt eine Änderung der Aussprache:

vert - verte	*(grün)*
gris - grise	*(grau)*
brun - brune	*(braun)*
blanc - blanche	*(weiß)*

19. Das ist eine sehr elegante alte Dame.
 ....

20. Das sind moderne Gebäude.
 ....

21. Das sind gute Nachrichten.
 ....

22. Das sind echte Freunde.
 ....

23. Das sind hübsche rosa Blumen.
 ....

24. Das sind keine alten Möbel.
 ....

25. Das sind neue Projekte.
 ....

26. Das sind schöne niederländische Gemälde.
 ....

27. Das ist eine interessante Altstadt.
 ....

28. Kennst du eine kleine griechische Insel?
 ....

29. Ich suche einen guten Rotwein.
 ....

30. Kennst du einen guten französischen Wein?
 ....

31. Das hier ist ein neuer origineller Stil.
 ....

32. Das ist ein großer runder Tisch.
 ....

33. Das ist kein praktisches Wörterbuch.
 ....

34. Ich sehe lächelnde Frauen.
 ....

35. Das sind keine teuren Geschäfte.
 ....

36. Das sind keine günstigen Bedingungen.
 ....

19. C'est une dame âgée très chic.

20. Ce sont des bâtiments modernes.

21. Voilà de bonnes nouvelles.

22. Ce sont de vrais amis.

23. Ce sont de jolies fleurs roses.

24. Ce ne sont pas de vieux meubles.

25. Voilà de nouveaux projets.

26. Ce sont de beaux tableaux hollandais.

27. C'est une vieille ville intéressante.

28. Tu connais une petite île grecque ?

29. Je cherche un bon vin rouge.

30. Tu connais un bon vin français ?

31. Voici un nouveau style original.

32. C'est une grande table ronde.

33. Ce n'est pas un dictionnaire pratique.

34. Je vois des femmes souriantes.

35. Ce ne sont pas des boutiques chères.

36. Ce ne sont pas des conditions favorables.

Die Bedeutung des Adjektivs wird durch das Adverb **très** (*sehr*) verstärkt:
C'est un livre très intéressant. – *Das ist ein sehr interessantes Buch.*
Das Adjektiv **chic** ist unveränderlich:
un homme chic – *ein eleganter Mann* und **une femme chic** – *eine elegante Frau*. Anstelle von **chic** kann man auch das Wort **élégant(e)** verwenden.

Das Adjektiv steht im Französischen i. d. R. nach dem Substantiv. Bestimmte Adjektive können allerdings auch vor dem Substantiv stehen: **petit/petite** (*klein*), **grand/grande** (*groß*), **gros/grosse** (*dick*), **bon/bonne** (*gut*), **jeune** (*jung*) sowie drei Adjektive, die unregelmäßige Formen haben: **beau** (**bel**) / **belle** (*schön*), **nouveau** (**nouvel**) / **nouvelle** (*neu*), **vieux** (**vieil**) / **vieille** (*alt*).
Die Formen **bel, nouvel** und **vieil** stehen vor maskulinen Substantiven mit Vokal oder stummem **h**.

Zu Satz 25: Steht das Adjektiv vor dem Substantiv, dann wird im Plural der Artikel **des** durch **de** ersetzt:
C'est un bon plat. – *Das ist ein gutes Gericht.* **Ce sont de bons plats.** – *Das sind gute Gerichte.*

Adjektive (und Substantive) auf **-au, -eau** erhalten i. d. R. die Pluralendung **x** statt **s**:
de nouveaux bateaux – *neue Schiffe*
de beaux cadeaux – *schöne Geschenke*
de nouveaux styles – *neue Stile (vgl. Sätze 25, 26).*

Die Form **voici** (*hier*) dient wie auch **voilà** der Vorstellung von Personen, Sachen, Fakten usw. **C'est, ce sont, voici, voilà** sind „Präsentationsausdrücke" (**les présentatifs**).
Voici wird z. B. gebraucht, wenn etwas in der Nähe ist bzw. wenn etwas (in zeitlicher Nähe) noch passieren soll. **Voilà** verwendet man dagegen bei weiter entfernten Dingen bzw. bei Ereignissen, die schon in der Vergangenheit liegen:
Voilà un autobus et voici un taxi. – *Dort ist ein Bus, und hier ist ein Taxi.*
Voilà notre opinion. – *Das ist unsere Meinung* (sie wurde schon kundgetan).
Voici notre proposition. – *Das ist unsere Meinung* (wir geben sie bekannt).

1. Ich habe einen Bruder und eine Schwester.
....
2. Margot ist fünf Jahre alt und Pierrot ist drei Jahre alt.
....
3. Herr und Frau Leblanc haben vier Kinder.
....
4. Die Duponts haben drei Kinder.
....
5. Sie haben eine Tochter und Zwillinge.
....
6. Und du, hast du Geschwister?
....
7. Sie hat einen Freund.
....
8. Wir haben viele Freunde.
....
9. Wie alt sind Sie(, gnädige Frau)?
....
10. Ich bin zwanzig Jahre alt.
....
11. Wie alt bist du?
....
12. Frau Bellec hat zwei Töchter.
....
13. Christine ist dreizehn und Anne ist sechzehn.
....
14. Meine Nachbarn haben Haustiere.
....
15. Sie haben zwei Hamster und drei Hunde.
....
16. Ich habe fünf Euro und fünfzehn Cent.
....
17. Wir haben elf Theaterkarten.
....
18. Haben Sie einen Stift?
....

1. J'ai un frère et une sœur.
2. Margot a cinq ans et Pierrot a trois ans.
3. Monsieur et Madame Leblanc ont quatre enfants.
4. Les Dupont ont trois enfants.
5. Ils ont une fille et des jumeaux/jumelles.
6. Et toi, tu as des frères et sœurs ?
7. Elle a un petit ami.
8. Nous avons beaucoup d'amis.
9. Quel âge avez-vous, Madame ?
10. Moi, j'ai vingt ans.
11. Quel âge as-tu, toi ?
12. Madame Bellec a deux filles.
13. Christine a treize ans et Anne a seize ans.
14. Mes voisins ont des animaux de compagnie.
15. Ils/Elles ont deux hamsters et trois chiens.
16. J'ai cinq euros et quinze centimes.
17. Nous avons onze billets de théâtre.
18. Vous avez un crayon ?

Das Verb **avoir** (*haben*) ist unregelmäßig und wird wie folgt konjugiert:

j'ai	*ich habe*	**nous**	*wir haben*
tu as	*du hast*	**avons**	
il a	*er hat*	**vous avez**	*ihr habt /*
elle a	*sie hat*		*Sie haben*
on a	*man hat*	**ils ont**	*sie haben*
		elles ont	*sie haben*

Um im Französischen auszudrücken, dass es sich z. B. um *das Ehepaar Schmidt* handelt, gibt es zwei Möglichkeiten: **monsieur et madame Schmidt** oder **les Schmidt** (kein Plural-**s**). **Les** ist ein Pluralartikel (siehe unité 11). *Geschwister* heißt auf Französisch **des frères et sœurs** (wörtl. *Brüder und Schwestern*). Zur Erinnerung: **un, une** sind gleichzeitig Artikel und Zahlwort.

Das Wort **beaucoup** (*viel*) bezeichnet eine Menge, ihm folgt immer die Präposition **de** (**d'** vor einem Vokal). Zur Wiederholung der Mengenangaben siehe unité 17.

In einem solchen Fragesatz mit Inversion steht die Verbform vor dem Personalpronomen, das mit Bindestrich angehängt wird:
Quel âge as-tu ? – *Wie alt bist du?*
Quel âge ont-ils/elles ? – *Wie alt sind sie?*
Quel âge avez-vous ? – *Wie alt sind Sie? / Wie alt seid ihr?*

Das Adjektiv **petit** (*klein*) dient zur Verkleinerung bzw. Verniedlichung von Substantiven: **un petit chien** – *ein Hündchen*, **un petit chat** – *ein Kätzchen.*
Mit einigen Substantiven bildet **petit** einen neuen Ausdruck: **un petit ami** – *ein fester Freund* bzw. **une petite amie** – *eine feste Freundin (vgl. Satz 7).*

Wird das Substantiv durch ein anderes Substantiv näher bestimmt, z. B. *eine Eintrittskarte* (was für eine?) *fürs Kino*, wird die Beziehung zwischen den Gliedern häufig mithilfe der Präposition **de** ausgedrückt – und nicht wie im Deutschen durch unmittelbar zusammengefügte Komposita: **un ticket de métro** – *eine U-Bahn-Fahrkarte.*

19. Wir haben ein Problem und sie auch. ....

20. Ich habe eine Frage. ....

21. Haben Sie ein Auto? Ich habe kein Auto. ....

22. Ich habe keine Freizeit, und du? ....

23. Wir haben ein Aquarium, aber wir haben keine (kleinen) Fische. ....

24. Wir haben eine Gitarre, aber wir haben keine Geige. ....

25. Er hat Probleme, aber sie hat keine Probleme. ....

26. Haben sie gute Noten? Sie haben keine guten Noten. ....

27. Morgen habe ich eine Prüfung. Und ihr? ....

28. Ich habe sechzig Euro bei mir. ....

29. Ich habe ein Geschenk für dich und für sie. ....

30. Ich habe kein Geschenk für ihn. ....

31. Ist das für uns? Vielen Dank. ....

32. Das ist nicht für dich, es ist für sie. ....

33. Sind Christine und Sophie da? Ich habe Neuigkeiten für sie. ....

34. Ich habe kein Problem mit ihm, aber mit ihr. ....

35. Hast du kein Geld für uns? Und für sie? ....

36. Morgen haben wir eine Verabredung mit euch. ....

19. Nous avons un problème et elle aussi.

20. J'ai une question.

21. Vous avez une voiture ? Moi, je n'ai pas de voiture.

22. Moi, je n'ai pas de temps libre, et toi ?

23. Nous avons un aquarium, mais nous n'avons pas de (petits) poissons.

24. Nous avons une guitare, mais nous n'avons pas de violon.

25. Lui, il a des problèmes, mais elle, elle n'a pas de problèmes.

26. Est-ce qu'ils/elles ont de bonnes notes ? Eux, ils/elles n'ont pas de bonnes notes.

27. Demain, j'ai un examen. Et vous ?

28. J'ai soixante euros sur moi.

29. J'ai un cadeau pour toi et pour elle.

30. Je n'ai pas de cadeau pour lui.

31. C'est pour nous ? Merci beaucoup.

32. Ce n'est pas pour vous, c'est pour eux / pour elles.

33. Christine et Sophie sont là ? J'ai des nouvelles pour elles.

34. Je n'ai pas de problème avec lui, mais avec elle.

35. Tu n'as pas d'argent pour nous ? Et pour eux/elles ?

36. Demain nous avons rendez-vous avec vous.

Die betonten Personalpronomen werden in der Funktion des Subjekts dann benutzt, wenn man dieses hervorheben möchte:
J'ai vingt ans. – *Ich bin zwanzig Jahre alt.*
Moi, j'ai vingt ans. – *Ich bin zwanzig Jahre alt.*
Die betonten Pronomen stehen meistens am Satzanfang, können aber auch ans Ende gesetzt werden:
Il a trente ans, lui ? – *Ist er dreißig Jahre alt?*
Mit der verneinten Form steht nach dem (verneinten) Verb **avoir** die Präposition **de** (**d'** vor Vokalen oder dem stummen **h**): **Je n'ai pas <u>de</u> monnaie.** – *Ich kann nicht wechseln.*

Zur Erinnerung: Wenn das Adjektiv vor dem Substantiv steht, wird anstelle von **des** die Form **de** gebraucht.

Die Bestimmung **sur moi** (*bei mir*) enthält die Präposition **sur** (*auf*). Zum Gebrauch von ortsbezogenen Präpositionen siehe unité 27.

Wenn in einem Aussagesatz der unbestimmte Artikel auftritt, wird generell in der entsprechenden Verneinung anstelle des Artikels die Präposition **de** verwendet:
J'ai <u>une</u> voiture. – *Ich habe ein Auto.*
Je <u>n'</u>ai pas <u>de</u> voiture. – *Ich habe kein Auto.*

Die Pronomen **je**, **tu**, **il**, **ils** (*ich, du, er, sie* [Pl.]) <u>können i. d. R. nicht ohne Verbform verwendet werden</u>. So kann man auf die Frage **Qui a un billet ?** (*Wer hat ein Ticket?*) nicht antworten: **Je.** Es gibt andere Formen der <u>Personalpronomen, die alleine stehen können</u>. Sie werden als betonte Personalpronomen bezeichnet:

moi	*ich*	**lui**	*er*
toi	*du*	**eux**	*sie*

Die Pronomen **nous** (*wir*), **vous** (*ihr*), **elle** (*sie* – Sg.), **elles** (*sie* – Pl.) können sowohl mit als auch ohne Verb stehen.

Bei der Aussprache kann der Vokal **e** oft wegfallen, siehe Wörter wie **je, me, te, le, de:**
Je n'ai pas de livre – [ʒnepadli:vʀ].

1. Ich singe gerne. ....

2. Tanzt du gerne? ....

3. Ich tanze sehr gut. ....

4. Ich tanze nicht. ....

5. Ich tanze nicht gern. ....

6. Liebt André Monique? ....

7. Ja, und Monique liebt André. ....

8. Ich denke an dich. ....

9. Sie mögen Jean. ....

10. Sie reisen gern und mögen Bücher. ....

11. Ich hasse Spinat. ....

12. Sprichst du Englisch? ....

13. Ja, ich spreche sehr gut Englisch. ....

14. Ich spreche auch Spanisch. ....

15. Sprechen Sie Französisch(, mein Herr)? ....

16. Ein bisschen. Und Sie(, meine Dame)? ....

17. Nein, ich spreche kein Französisch. ....

18. Sprechen wir zu laut? ....

1. J'aime chanter.
2. Tu aimes danser ?
3. Je danse très bien.
4. Moi, je ne danse pas.
5. Je n'aime pas danser.
6. Est-ce qu'André aime Monique ?
7. Oui, et Monique aime André.
8. Je pense à toi.
9. Ils/Elles aiment bien Jean.
10. Ils/Elles aiment bien les voyages et les livres.
11. Je déteste les épinards.
12. Tu parles anglais ?
13. Oui, je parle très bien anglais.
14. Je parle aussi espagnol.
15. Est-ce que vous parlez français, Monsieur ?
16. Un peu. Et vous, Madame ?
17. Non, moi, je ne parle pas français.
18. On parle / Nous parlons trop fort ?

Es gibt drei Konjugationsklassen. Die Verben auf **-er** bilden die erste Klasse, zu der Verben wie **chercher** (*suchen*) gehören:

je cherche	*ich suche*
tu cherches	*du suchst*
il cherche	*er sucht*
elle cherche	*sie sucht*
on cherche	*man sucht*
nous cherchons	*wir suchen*
vous cherchez	*ihr sucht / Sie suchen*
ils/elles cherchent	*sie suchen*

Der Verbstamm ist hier **cherch-**, die Endungen sind **-e**, **-es**, **-e**, **-ons**, **-ez** und **-ent**. Nur zwei Endungen werden ausgesprochen: **-ons** und **-ez**; die übrigen nicht. In der 3. Person (**il**, **ils**, **elle**, **elles**) erkennt man den Plural durch die Liaison in der Aussprache (z. B. **ils‿ont**), oder er ist aus dem Kontext zu erschließen, z. B. **Pierre et Annette cherchent quelque chose. Ils cherchent des lunettes.** – *Pierre und Annette suchen etwas. Sie suchen eine Brille.*

Das Verb **aimer** bedeutet *lieben/mögen*, die Verbindung **aimer bien** – dagegen nur *mögen / gern haben*: **J'aime Anne.** – *Ich liebe Anne.* **J'aime bien Monique.** – *Ich habe Monique gern.* Nach **aimer** kann man auch ein Verb im Infinitiv (**J'aime chanter.** – *Ich schlafe gern.*) oder ein Substantiv (**J'aime le café.** – *Ich mag Kaffee.*) verwenden.

Nach den Verben **aimer, préférer, adorer** und **détester** wird vor dem Substantiv der bestimmte Artikel (**unité** 8) verwendet:
J'adore les vacances. – *Ich liebe die Ferien.*
Il préfère l'hiver. – *Er mag den Winter lieber.*
Elle déteste le jazz. – *Sie kann Jazz nicht ausstehen.*

Beispiele für Verben der 1. Konjugationsklasse:

aimer	*lieben*	**penser**	*denken*
parler	*sprechen*	**jouer**	*spielen*
désirer	*wünschen*	**écouter**	*(zu)hören*
adorer	*lieben*	**essayer**	*versuchen*
préférer	*bevorzugen*	**commencer**	*beginnen*
trouver	*finden*	**discuter**	*streiten, diskutieren*
acheter	*kaufen*		

19. Ja, ihr sprecht etwas zu laut.

....

20. Mögen Sie Liebeslieder?

....

21. Ich hasse Horrorfilme.

....

22. Die Touristen schauen sich den Eiffelturm an.

....

23. Sie sehen sich einen Film an.

....

24. Wir schauen uns Hochzeitsfotos an.

....

25. Siehst du dir jetzt ein Fußballspiel an?

....

26. Ich mag am liebsten französische Filme.

....

27. Kauft ihr Bücher?

....

28. Ja, wir kaufen Bücher und Zeitschriften.

....

29. Wir kaufen Obst auf dem Markt.

....

30. Wir kaufen Erdbeeren und Äpfel.

....

31. Sie kaufen interessante Sachen.

....

32. Er kauft eine Tageszeitung im Supermarkt.

....

33. Bereitest du das Mittagessen zu?

....

34. Ich mache einen sehr guten Salat.

....

35. Macht ihr einen Nachtisch?

....

36. Natürlich, wir machen einen ganz köstlichen Nachtisch.

....

19. Oui, vous parlez un peu trop fort.

20. Vous aimez les chansons d'amour ?

21. Je déteste les films d'horreur.

22. Les touristes regardent la Tour Eiffel.

23. Ils/Elles regardent un film.

24. On regarde / nous regardons les photos de mariage.

25. Tu regardes un match de foot maintenant ?

26. Moi, je préfère les films français.

27. Est-ce que vous achetez des livres ?

28. Oui, nous achetons / on achète des livres et des magazines.

29. Nous achetons / On achète des fruits sur la place du marché.

30. Nous achetons / On achète des fraises et des pommes.

31. Ils/Elles achètent des choses intéressantes.

32. Il achète un quotidien au supermarché.

33. Tu prépares le déjeuner ?

34. Je prépare une très bonne salade.

35. Vous préparez un dessert ?

36. Bien sûr, nous préparons / on prépare un très bon dessert.

Die Verbindung **parler fort** (*laut sprechen*) kann man auch noch durch **très** (*sehr*) oder **trop** (*allzu, zu*) verstärken:
Elle parle très fort. - *Sie spricht sehr laut.*
On parle trop fort. - *Wir sprechen zu laut.*
Nous parlons un peu trop fort. - *Wir sprechen ein bisschen zu laut.*

Das Verb **regarder** (*(an)schauen*) erfordert (anders als im Deutschen) keine Präposition:
Je regarde le ciel. - *Ich schaue zum Himmel.*
Man kann nicht sagen: ~~**Je regarde sur le ciel.**~~

Wenn ein Substantiv ein Attribut bzw. eine Ergänzung erhalten soll (ein Lied → welches? → über die Liebe; Fotos → welche? → Hochzeits-), wird oft die Präposition **de** gebraucht (vgl. Sätze 20, 21):
des films d'amour - *Liebesfilme*
la ville de Paris - *die Stadt Paris*
le mois de mai - *der Monat Mai.*

Bei der Konjugation von Verben des Typs **acheter** (*kaufen*) wird bei manchen Konjugationsformen der Aussprache wegen ein **accent grave** über das **e** (**è**) gesetzt. Dieses Akzentzeichen wird dann gesetzt, wenn das **e** offen gesprochen wird - im Gegensatz zum stummen **e** (wie in **achetons**). Hier die Konjugation von **acheter**:
j'achète, tu achètes, il achète, ils achètent,
aber: **nous achetons, vous achetez**.
Der Akzent wird nur dann gesetzt, wenn die Endung nicht gesprochen wird, dafür aber das **e** in der Mitte, das eben durch den Akzent gekennzeichnet wird (**achète** - [aʃɛt]).
In den anderen Formen spricht man das **e** nicht aus: **nous achetons** [aʃtõ], **vous achetez** [aʃte], **acheter** [aʃte].

Vocabulaire

....

....

....

....

1. Ich möchte morgen wegfahren.

....

2. Willst du alleine wegfahren?

....

3. Ich kann mit dir wegfahren.

....

4. Kann Christophe mit uns kommen?

....

5. Die Nachbarn wollen einen Hund haben.

....

6. Willst du auch ein kleines Tier kaufen?

....

7. Ich möchte mit Catherine sprechen.

....

8. Ich kann Französisch sprechen.

....

9. Kann man hier Sportschuhe kaufen?

....

10. Können wir die Nachrichtensendung sehen?

....

11. Ich kann heute Abend nicht kommen.

....

12. Willst du nicht ausgehen?

....

13. Sie möchte auch (mit)kommen.

....

14. Wollen Sie sich die Hauptstadt ansehen?

....

15. Ja, wir wollen uns die Stadt ansehen.

....

16. Die jungen Leute wollen einen Job finden.

....

17. Können die Kinder hier spielen?

....

18. Sie wollen Ball spielen.

....

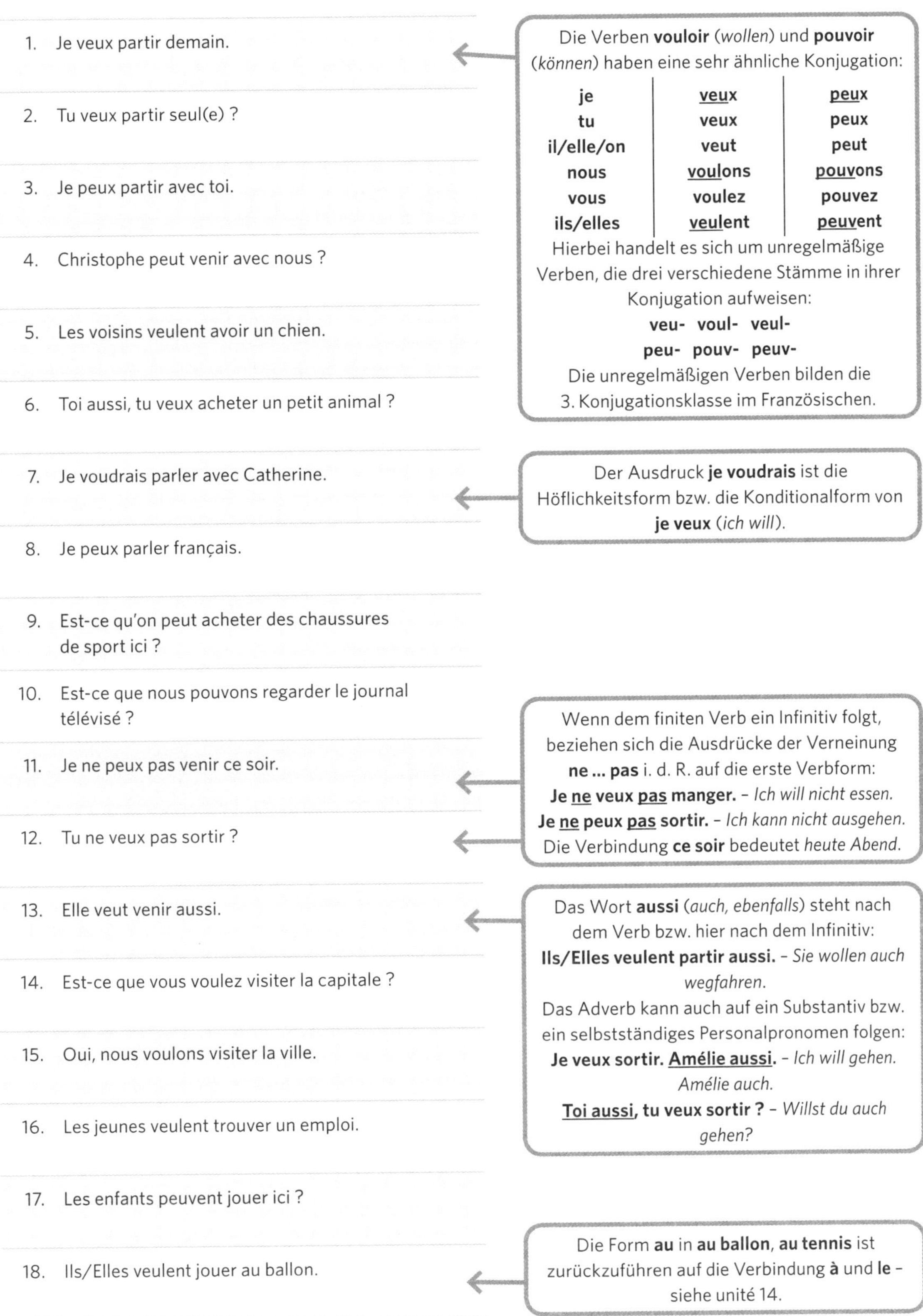

1. Je veux partir demain.
2. Tu veux partir seul(e) ?
3. Je peux partir avec toi.
4. Christophe peut venir avec nous ?
5. Les voisins veulent avoir un chien.
6. Toi aussi, tu veux acheter un petit animal ?
7. Je voudrais parler avec Catherine.
8. Je peux parler français.
9. Est-ce qu'on peut acheter des chaussures de sport ici ?
10. Est-ce que nous pouvons regarder le journal télévisé ?
11. Je ne peux pas venir ce soir.
12. Tu ne veux pas sortir ?
13. Elle veut venir aussi.
14. Est-ce que vous voulez visiter la capitale ?
15. Oui, nous voulons visiter la ville.
16. Les jeunes veulent trouver un emploi.
17. Les enfants peuvent jouer ici ?
18. Ils/Elles veulent jouer au ballon.

Die Verben **vouloir** (*wollen*) und **pouvoir** (*können*) haben eine sehr ähnliche Konjugation:

je	**veux**	**peux**
tu	**veux**	**peux**
il/elle/on	**veut**	**peut**
nous	**voulons**	**pouvons**
vous	**voulez**	**pouvez**
ils/elles	**veulent**	**peuvent**

Hierbei handelt es sich um unregelmäßige Verben, die drei verschiedene Stämme in ihrer Konjugation aufweisen:

veu- voul- veul-

peu- pouv- peuv-

Die unregelmäßigen Verben bilden die 3. Konjugationsklasse im Französischen.

Der Ausdruck **je voudrais** ist die Höflichkeitsform bzw. die Konditionalform von **je veux** (*ich will*).

Wenn dem finiten Verb ein Infinitiv folgt, beziehen sich die Ausdrücke der Verneinung **ne ... pas** i. d. R. auf die erste Verbform:
Je ne veux pas manger. – *Ich will nicht essen.*
Je ne peux pas sortir. – *Ich kann nicht ausgehen.*
Die Verbindung **ce soir** bedeutet *heute Abend.*

Das Wort **aussi** (*auch, ebenfalls*) steht nach dem Verb bzw. hier nach dem Infinitiv:
Ils/Elles veulent partir aussi. – *Sie wollen auch wegfahren.*
Das Adverb kann auch auf ein Substantiv bzw. ein selbstständiges Personalpronomen folgen:
Je veux sortir. Amélie aussi. – *Ich will gehen. Amélie auch.*
Toi aussi, tu veux sortir ? – *Willst du auch gehen?*

Die Form **au** in **au ballon**, **au tennis** ist zurückzuführen auf die Verbindung **à** und **le** – siehe unité 14.

19. Willst du Tennis spielen?

....

20. Können Sie hier warten?

....

21. Ich kann jetzt nicht warten.

....

22. Wir wollen neue Werkzeuge kaufen.

....

23. Sie wollen Radio hören.

....

24. Sie wollen nicht mit ihnen streiten.

....

25. Er will nicht arbeiten und ich kann nicht arbeiten.

....

26. Sie wollen etwas zu essen.

....

27. Wollen Sie etwas trinken?

....

28. Können Sie morgen kommen?

....

29. Ich möchte bezahlen.

....

30. Sie können bar zahlen(, meine Dame).

....

31. Sie können nicht hart arbeiten.

....

32. Sie wollen nicht hier bleiben.

....

33. Sie wollen wegfahren.

....

34. Wollen Sie nicht hier wohnen?

....

35. Ich möchte die Stadt nicht verlassen.

....

36. Wir können hier nicht parken.

....

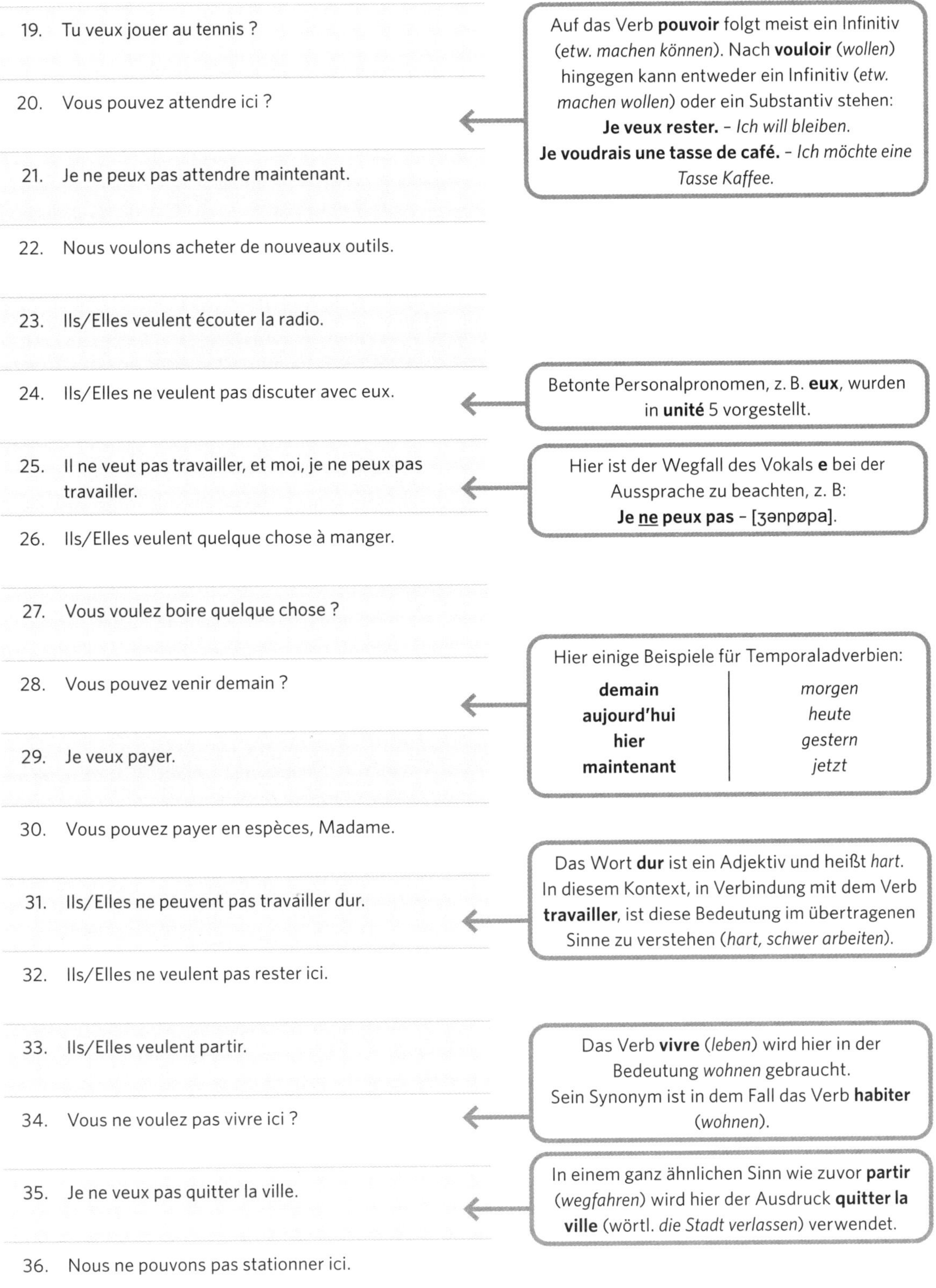

19. Tu veux jouer au tennis ?

20. Vous pouvez attendre ici ?

Auf das Verb **pouvoir** folgt meist ein Infinitiv (*etw. machen können*). Nach **vouloir** (*wollen*) hingegen kann entweder ein Infinitiv (*etw. machen wollen*) oder ein Substantiv stehen:
Je veux rester. – *Ich will bleiben.*
Je voudrais une tasse de café. – *Ich möchte eine Tasse Kaffee.*

21. Je ne peux pas attendre maintenant.

22. Nous voulons acheter de nouveaux outils.

23. Ils/Elles veulent écouter la radio.

24. Ils/Elles ne veulent pas discuter avec eux.

Betonte Personalpronomen, z. B. **eux**, wurden in **unité** 5 vorgestellt.

25. Il ne veut pas travailler, et moi, je ne peux pas travailler.

Hier ist der Wegfall des Vokals **e** bei der Aussprache zu beachten, z. B:
Je ne peux pas – [ʒənpøpa].

26. Ils/Elles veulent quelque chose à manger.

27. Vous voulez boire quelque chose ?

28. Vous pouvez venir demain ?

Hier einige Beispiele für Temporaladverbien:

demain	*morgen*
aujourd'hui	*heute*
hier	*gestern*
maintenant	*jetzt*

29. Je veux payer.

30. Vous pouvez payer en espèces, Madame.

31. Ils/Elles ne peuvent pas travailler dur.

Das Wort **dur** ist ein Adjektiv und heißt *hart*. In diesem Kontext, in Verbindung mit dem Verb **travailler**, ist diese Bedeutung im übertragenen Sinne zu verstehen (*hart, schwer arbeiten*).

32. Ils/Elles ne veulent pas rester ici.

33. Ils/Elles veulent partir.

34. Vous ne voulez pas vivre ici ?

Das Verb **vivre** (*leben*) wird hier in der Bedeutung *wohnen* gebraucht.
Sein Synonym ist in dem Fall das Verb **habiter** (*wohnen*).

35. Je ne veux pas quitter la ville.

In einem ganz ähnlichen Sinn wie zuvor **partir** (*wegfahren*) wird hier der Ausdruck **quitter la ville** (wörtl. *die Stadt verlassen*) verwendet.

36. Nous ne pouvons pas stationner ici.

1. Kennen Sie Frankreich gut?
   ....
2. Wir mögen die Provence.
   ....
3. Ich liebe Paris, die Seine und die Alpen.
   ....
4. Warschau ist die Hauptstadt von Polen.
   ....
5. Willst du in die Alpen fahren?
   ....
6. Heute scheint die Sonne.
   ....
7. Der Himmel ist blau.
   ....
8. Schau, da ist der Mond.
   ....
9. Findest du den Film oder das Buch besser?
   ....
10. Ich mag Romane und Krimis.
    ....
11. Ich liebe die französische Küche.
    ....
12. Ich mag keine Garnelen.
    ....
13. Sie hasst Zigaretten.
    ....
14. Kannst du die Tür und das Fenster schließen?
    ....
15. Gib mir den blauen Stift.
    ....
16. Den Schlüssel zu Zimmer 8, bitte.
    ....
17. Das hier ist Margots Roller.
    ....
18. Ich nehme die Kinderspielsachen mit (mir).
    ....

1. Vous connaissez bien la France ?
2. Nous aimons bien la Provence.
3. J'aime Paris, la Seine et les Alpes.
4. Varsovie est la capitale de la Pologne.
5. Tu veux aller dans les Alpes ?
6. Aujourd'hui, le soleil brille.
7. Le ciel est bleu.
8. Regarde, voilà la lune.
9. Tu préfères le film ou le livre ?
10. J'aime bien les romans et les polars.
11. J'adore la cuisine française.
12. Je n'aime pas les crevettes.
13. Elle déteste les cigarettes.
14. Tu peux fermer la porte et la fenêtre ?
15. Passe-moi le crayon bleu.
16. La clé de la chambre huit, s'il vous plaît.
17. Voilà la trottinette de Margot.
18. J'emporte (avec moi) les jouets de l'enfant.

Die Formen des bestimmten Artikels sind:

le	m. Sg.: **le continent** – *der Kontinent*
la	f. Sg.: **la rivière** – *der Fluss*
l'	f., m. Sg. vor einem Vokal und vor stummem **h: l'ami** – *der Freund*, **l'amie** – *die Freundin*, **l'hiver** – *der Winter*
les	m., f. Pl.: **les amis** – *die Freunde*, **les amies** – *die Freundinnen*

Die Mehrheit der geografischen Namen wird mit bestimmtem Artikel gebraucht: **l'Europe, l'Asie, l'Afrique, l'Australie, l'Allemagne, la France, la Provence, le Danube** (*die Donau*), **les Alpes**.
Der Großteil der Städtenamen wird ohne Artikel verwendet.

Der bestimmte Artikel bezeichnet etwas Einzigartiges:
le soleil – *die Sonne*, **la lune** – *der Mond*
oder steht mit einem Gattungsnamen für eine ganze Kategorie:
Les fruits ont beaucoup de vitamines. – *Obst hat viele Vitamine.*
Le lait est bon pour les enfants. – *Milch ist gut für Kinder.*

Der Ausdruck **un polar** ist das umgangssprachliche Wort für **un roman policier** (*Krimi*).

Im Französischen gibt es im Prinzip keine Substantivdeklination. Die einzigen Änderungen des Substantivs erfolgen bei Varianten des Genus (Feminina, meist mit **e**) und des Numerus (Pluralformen, meist mit **-s** oder **-x**).
Die Rolle der Kasus wird von Präpositionen übernommen, hierbei gilt:

- Genitiv (*wessen?*) – Präposition **de**
- Dativ (*wem?*) – Präposition **à**

Entsprechende Beispiele sind:
Je regarde les photos de Paul. – *Ich schaue mir Pauls* (wessen?) *Fotos an.*
Passe le sel à maman. – *Gib Mama* (wem?) *das Salz.*

19. Kannst du den Kofferraum vom Auto öffnen?

....

20. Gib mir bitte Nicolas' Adresse.

....

21. Diese Dame ist Sylvies Mutter.

....

22. Diese Fahrkarte ist nicht gültig.

....

23. Dieser Zug fährt nach Lyon.

....

24. Dieser Computer funktioniert nicht.

....

25. Dieser Baum ist hundert Jahre alt.

....

26. Diese Gärten sind voller Blumen.

....

27. Ist dieses Buch interessant?

....

28. Ich möchte dieses Buch kaufen.

....

29. Ist diese Hose teuer?

....

30. Willst du dieses blaue Kleid anprobieren?

....

31. Ist dies hier die richtige Adresse?

....

32. Das ist Patricias Gepäck, und das ist Marcs Koffer.

....

33. Und das ist Claudines Pass.

....

34. Ein kleines Croissant und diesen Schokoladenkuchen, bitte.

....

35. Darf es sonst noch etwas sein?

....

36. Danke, das ist/wäre alles.

....

19. Tu peux ouvrir le coffre de la voiture ?

20. Donne-moi l'adresse de Nicolas, s'il te plaît.

21. Cette dame est la mère de Sylvie.

22. Ce billet n'est pas valable.

23. Ce train va à Lyon.

24. Cet ordinateur ne fonctionne pas.

25. Cet arbre a cent ans.

26. Ces jardins sont pleins de fleurs.

27. Est-ce que ce livre est intéressant ?

28. Je veux acheter ce livre.

29. Est-ce que ce pantalon est cher ?

30. Tu veux essayer cette robe bleue ?

31. Est-ce que cette adresse est bonne ?

32. C'est le bagage de Patricia, et ça, c'est la valise de Marc.

33. Et ça, c'est le passeport de Claudine.

34. Un petit croissant et ce gâteau au chocolat, s'il vous plaît.

35. Et avec ça ?

36. Merci, ce sera tout.

Zu den Bestimmungswörtern des Substantivs, die nicht nur über sein Genus und Numerus informieren, sondern auch darüber, um welche Person oder Sache es sich genau handelt, gehören die Demonstrativpronomen – **les adjectifs démonstratifs**. Das sind im Einzelnen:

cette (f. Sg.)	**cette femme** – *diese Frau*, **cette lampe** – *diese Lampe*
ce (m. Sg.)	**ce tableau** – *dieses Bild*, **ce style** – *dieser Stil*
cet (m. Sg. vor Vokal oder stummem **h**)	**cet ordinateur** – *dieser Computer*, **cet homme** – *dieser Mann/Mensch*
ces (f. und m. Pl.)	**ces lampes** – *diese Lampen*, **ces styles** – *diese Stile*, **ces ordinateurs** – *diese Computer*

Im Französischen ist das Substantiv *Buch* maskulin. Deshalb heißt es: **ce livre** – *dieses Buch*, **un livre** – *(irgend)ein Buch*, **le livre** – *das Buch* (wenn man weiß, um welches Buch es sich handelt oder man allgemein über ein Buch spricht).

In der Umgangssprache wird häufig das Demonstrativpronomen **ça** (*das*) verwendet, das sich auf eine Sache bezieht, von der schon die Rede war. Es kann jedoch auch eine ganze Aussage ersetzen oder eine Sache unterstreichen, auf die mit dem Pronomen **ce** (*das*) im Ausdruck **c'est** (*das ist*) verwiesen wird:

Ça, c'est la carte d'identité de Jean. – Wörtl.: *Das, das ist der Personalausweis von Jean.*

Tu veux réparer le vélo ? Ça, c'est difficile. – *Willst du das Fahrrad reparieren? Das ist schwierig.*

Comment ça s'écrit ? – *Wie schreibt man das?*

Ce sera tout bedeutet wörtlich: *Das wird alles sein* (Futur). (*Das wäre alles.*) Das Wort **tout** bedeutet *alles* und **tous** bzw. **toutes** *alle* (in dieser Bedeutung wird das **s** am Wortende von **tous** ausgesprochen):

Tout est prêt. – *Alles (ist) fertig.*

Tou(te)s sont invités. – *Alle sind eingeladen.*

1. Ich fahre nach Frankreich. ....
2. Fährst du nach Paris? ....
3. Ja, und anschließend fahre ich nach London. ....
4. Fahren Sie los, Herr Fontaine? ....
5. Ja, ich fahre nach Berlin. ....
6. Er fährt mit Freunden. ....
7. Sie fahren mit dem Zug. ....
8. Wir fliegen mit dem Flugzeug. ....
9. Wir fahren nach Großbritannien und Spanien. ....
10. Wir fahren in den Urlaub. ....
11. Wohin fahrt ihr? ....
12. Wir fahren nach Italien und anschließend nach Griechenland. ....
13. Wir fahren mit dem Auto. ....
14. Wir fahren nach Rom und Athen. ....
15. Anne fährt nach Genf. ....
16. Und du, fährst du nicht in die Schweiz? ....
17. Nein, ich fahre nach Madrid. ....
18. Wir fahren nicht mit euch. ....

1. Je vais en France.
2. Tu pars pour Paris ?
3. Oui, et après je vais à Londres.
4. (Est-ce que) vous partez, Monsieur Fontaine ?
5. Oui, je pars pour Berlin.
6. Il part avec des amis.
7. Ils/Elles partent en train.
8. Nous, nous partons en avion.
9. On va / Nous allons en Grande-Bretagne et en Espagne.
10. Nous partons en vacances.
11. Où est-ce que vous allez ?
12. Nous allons en Italie, et ensuite en Grèce.
13. Nous partons en voiture.
14. Nous allons à Rome et à Athènes.
15. Anne part pour Genève.
16. Et toi, tu ne vas pas en Suisse ?
17. Non, je vais à Madrid.
18. Nous n'allons pas avec vous.

Die Konjugation von **aller** (*gehen, fahren*):

je	**vais**	**nous**	**allons**
tu	**vas**	**vous**	**allez**
il/elle/on	**va**	**ils/elles**	**vont**

Die Konjugation von **partir** (*(weg)gehen, (ab-, los)fahren*):

je	**pars**	**nous**	**partons**
tu	**pars**	**vous**	**partez**
il/elle/on	**part**	**ils/elles**	**partent**

Aller hat drei Stämme: **vai-, va-, all-** und die unregelmäßige Form in der 3. Pers. Pl. (**ils/elles**): **vont**.

Partir hat zwei Stämme: **par-** und **part-**.

Mit dem Verb **aller** wird die Präposition **à** vor Städtenamen sowie **en** vor femininen Ländernamen verwendet:

Je vais en Belgique. – *Ich fahre nach Belgien.*

Ils/Elles vont à Bruxelles. – *Sie fahren nach Brüssel.*

Das Verb **partir** wird häufig mit der Präposition **pour** kombiniert:

Nous partons pour Rome. – *Wir fahren nach Rom,*

sowie mit der Präposition **en** in Ausdrücken wie:

partir en vacances – *in den Urlaub fahren*

partir en train – *mit dem Zug fahren*

partir en excursion – *einen Ausflug machen.*

In Fragen mit dem Fragewort **où?** (*wo?/wohin?*), steht, wenn der Ausdruck **est-ce que** verwendet wird, das Subjekt an 2. Stelle, gefolgt von dem gebeugten Verb:

Où est-ce que vous êtes ? – *Wo seid ihr?*

Où est-ce qu'ils/elles vont ? – *Wohin fahren sie?*

Das Wort **ensuite** (*anschließend, danach*) ist ein Synonym zu **après** (*dann, später*).

Wenn man ein Verkehrsmittel nach den Verben **aller** und **partir** angibt, wird meist die Präposition **en** verwendet:

Je vais en voiture. – *Ich fahre (mit dem) Auto.*

Je pars en train. – *Ich fahre mit dem Zug.*

Je pars en avion. – *Ich fliege mit dem Flugzeug.*

Je vais en autobus. – *Ich fahre mit dem Bus.*

Das Verb **partir** kann man in Abhängigkeit vom Kontext mit *verreisen* oder *fahren* übersetzen (siehe auch die Sätze 4–7, 13).

19. Wir fahren nach Belgien, nach Brüssel.

....

20. Macht ihr einen Ausflug?

....

21. Die Bellecs fahren nicht nach Norwegen.

....

22. Ich gehe in den Laden, willst du etwas?

....

23. Wie geht es Ihnen(, meine Dame)?

....

24. Mir geht es gut, danke.

....

25. Wie geht es Ihnen?

....

26. Gut. Und Ihnen?

....

27. Papa ist krank, aber es geht ihm wieder besser.

....

28. Anne bleibt, ich gehe.

....

29. Geht ihr ins Kino oder zum Konzert?

....

30. Sie gehen alle ins Stadion.

....

31. Wohin gehst du?

....

32. Ich gehe nach Hause.

....

33. Gehst du nicht zu Denise?

....

34. Wir fahren ins Dorf, zu unseren Großeltern.

....

35. Fahrt ihr oft ins Ausland?

....

36. Sie fahren oft nach Deutschland und nach Belgien.

....

19. On va / Nous allons en Belgique, à Bruxelles.

20. Vous partez en excursion ?

21. Les Bellec ne vont pas en Norvège.

22. Je vais au magasin, tu veux quelque chose ?

23. Comment allez-vous, Madame ?

24. Je vais bien, merci.

25. Comment ça va ?

26. Ça va. Et vous ?

27. Papa est malade, mais il va mieux.

28. Anne reste, moi, je pars.

29. Vous allez au cinéma ou au concert ?

30. Ils vont tou(te)s au stade.

31. Où est-ce que tu vas ?

32. Moi, je vais à la maison.

33. Tu ne vas pas chez Denise ?

34. Nous allons au village, chez nos grands-parents.

35. Vous allez souvent à l'étranger ?

36. Ils/Elles vont souvent en Allemagne et en Belgique.

Das Verb **aller** kommt auch in gebräuchlichen Höflichkeitsfloskeln sowie Fragen und Antworten zur Befindlichkeit vor (vgl. Sätze 23, 24):
Comment allez-vous ? - *Wie geht es Ihnen?*
Comment vas-tu ? - *Wie geht es dir?*
Je vais bien, merci. - *Danke, mir geht es gut.*

Das Wort **mais** (*aber, sondern*) ist eine Konjunktion für gleichrangige Sätze. **Mieux** (*besser*) ist die Komparativform von **bien** (*gut*)(vgl. Satz 27). Zum Vergleich:
Tu vas bien ? - *Geht es dir gut?*
Tu vas mieux ? - *Geht es dir besser?*

Die Präposition **à** wird häufig nach dem Verb **aller** verwendet, um auszudrücken, dass man sich an einen bestimmten Ort begibt. Die Präposition **à** und der Artikel **le** verschmelzen zu **au** (siehe Satz 29 sowie unité 14):
Je vais au concert (**à le → au**). - *Ich gehe zum Konzert.*
Die Präposition à verschmilzt allerdings nicht mit dem Artikel **la**:
On va à la poste. - *Wir gehen zur Post.*

Das Wort **tous** (*alle*, das **s** wird gesprochen), das sich auf das Subjekt bezieht, steht, wie im Deutschen auch, nach dem Verb:
Ils vont tou(te)s à la maison. - *Sie fahren alle nach Hause.*
Ils vont tou(te)s à Cologne. - *Sie fahren alle nach Köln.*

In Verbindung mit Personen wird häufig die Präposition **chez** (zu wem?, bei wem?) verwendet:
Elle va chez Anne. - *Sie geht zu Anne.*
Ils/Elles vont chez le dentiste. - *Sie gehen zum Zahnarzt.*
Je suis chez Robert. - *Ich bin bei Robert.*

Le village lässt sich übersetzen mit *Dorf*. Im Unterschied dazu steht **la campagne**, *das Land*: **vivre à la campagne** (*auf dem Land leben*).

Adverbien (z. B. **souvent**) stehen i. d. R. nach dem Verb.

UNITÉ 10 **Les adjectifs possessifs**

1. Wo ist dein Gepäck? ....
2. Mein Gepäck ist in deinem Auto. ....
3. Hast du deine Fahrkarte und deine Papiere? ....
4. Ja, ich habe meine Fahrkarte und meine Papiere. ....
5. Ich kann mein Handy nicht finden ....
6. Dein Handy ist in meiner Tasche. ....
7. Er ist Architekt und seine Projekte sind außergewöhnlich. ....
8. Gefällt dir dein Englischunterricht? Und deine Schule? ....
9. Fährst du mit deinen Eltern? ....
10. Jacques fährt auch mit seinen Eltern. ....
11. Deine Jacke und deine Hose sind toll. ....
12. Ich nehme meine Jacke und meine Turnschuhe mit. ....
13. Ich suche meine Schlüssel und meinen Rucksack. ....
14. Wo sind seine Schlüssel und sein Rucksack? ....
15. Beatrice hat eine Idee. Ihre Idee ist gut. ....
16. Er möchte mit seiner Freundin Monique ausgehen. ....
17. Und was ist deine Meinung? Und seine Meinung? ....
18. Ich mag mein Kissen nicht, es ist hart. ....

1. Où est ton bagage ?
2. Mon bagage est dans ta voiture.
3. Tu as ton billet et tes papiers ?
4. Oui, j'ai mon billet et mes papiers.
5. Je ne trouve pas mon portable.
6. Ton portable est dans mon sac.
7. Il est architecte, et ses projets sont hors du commun.
8. Tu aimes tes cours d'anglais ? Et ton école ?
9. Tu pars avec tes parents ?
10. Jacques part aussi avec ses parents.
11. Ta veste et ton pantalon sont super.
12. Je prends ma veste et mes tennis.
13. Je cherche mes clés et mon sac à dos.
14. Où sont ses clés et son sac à dos ?
15. Béatrice a une idée. Son idée est bonne.
16. Il veut sortir avec Monique, son amie.
17. Et quelle est ton opinion ? Et son opinion ?
18. Je n'aime pas mon oreiller, il est dur.

Possessivpronomen bzw. -adjektive richten sich nach Genus (m., f.) und Numerus (Sg., Pl.) der Substantive und verweisen auf Zugehörigkeit bzw. Besitz.

Wenn sich etwas auf die 1. Pers. Sg. bezieht, heißt es:

mon cahier (m. Sg.)	*mein Heft*
ma ville (f. Sg.)	*meine Stadt*
mes amis (m. Pl.)	*meine Freunde*
mes amies (f. Pl.)	*meine Freundinnen*

Wenn sich etwas auf die 2. Pers. Sg. bezieht, heißt es:

ton vélo (m. Sg.)	*dein Fahrrad*
ta robe (f. Sg.)	*dein Kleid*
tes vêtements (m. Pl.)	*deine Kleidung*
tes chaussures (f. Pl.)	*deine Schuhe*

Wenn sich etwas auf die 3. Pers. Sg. bezieht, heißt es:

son frère (m. Sg.)	*sein/ihr Bruder*
sa sœur (f. Sg.)	*seine/ihre Schwester*
ses parents (m. Pl.)	*seine/ihre Eltern*
ses cousines (f. Pl.)	*seine/ihre Cousinen*

An den Pronomen **son, sa** sowie **ses** ist, im Gegensatz zum Deutschen, nicht abzulesen, ob die „besitzende" Person männlich oder weiblich ist.

Im Singular ist **le tennis** die Bezeichnung für die Sportart, im Plural (**les tennis**) ist es die Bezeichnung für Turnschuhe.
In Verbindung mit Kleidungsstücken, aber auch mit anderen Dingen, werden im Französischen sehr häufig Possessivpronomen verwendet:
Je prends mon parapluie et mes gants.
– *Ich nehme meinen Schirm und meine Handschuhe mit.*

Vor einem Substantiv mit einem Vokal oder stummen **h** im Wortanlaut steht unabhängig von seinem Genus immer die maskuline Form **mon, ton, son**:
Prends mon écharpe. – *Nimm meinen Schal.*
Voilà son hôtel. – *Das ist sein Hotel.*
C'est ton amie ? – *Ist das eine Freundin von dir?,*
aber:
C'est ta petite amie ? – *Ist das deine Freundin?*

19. Eure Fahrkarten sind da, auf dem Tisch. ....

20. Unsere Sachen sind schon gepackt. ....

21. Ist das Ihr Koffer(, mein Herr)? ....

22. Ja, das sind mein Koffer und mein Pass. ....

23. Ihr Auto ist rot und unser Auto ist grau. ....

24. Ist das Ihre Tasche(, meine Dame)? ....

25. Wo sind ihre Kinder? ....

26. Ihre Kinder sind im Garten. ....

27. Was hat er für Probleme? Und was haben sie für Probleme? ....

28. Unsere Wohnung ist klein. Und eure Wohnung? ....

29. Woher kommen eure Eltern? ....

30. Unsere Eltern kommen aus Frankreich. ....

31. Und ihre Eltern? ....

32. Ihre Eltern kommen aus Österreich. ....

33. Anne und Pierre kommen mit ihren Freunden. ....

34. Wir fahren auch mit unseren Freunden. ....

35. Ihre Urlaubspläne ändern sich nicht. ....

36. Unser Flugzeug hat Verspätung, und euer Flugzeug? ....

19. Vos billets sont là, sur la table.

20. Nos affaires sont déjà prêtes.

21. C'est votre valise, Monsieur ?

22. Oui, c'est ma valise et mon passeport.

23. Leur voiture est rouge et notre voiture est grise.

24. C'est votre sac, Madame ?

25. Où sont leurs enfants ?

26. Leurs enfants sont dans le jardin.

27. Quels sont ses problèmes? Et quels sont leurs problèmes ?

28. Notre appartement est petit. Et votre appartement ?

29. D'où viennent vos parents ?

30. Nos parents viennent de France.

31. Et leurs parents ?

32. Leurs parents viennent d'Autriche.

33. Anne et Pierre viennent avec leurs amis.

34. Nous aussi, nous allons avec nos amis.

35. Leurs projets de vacances ne changent pas.

36. Notre avion a du retard, et votre avion ?

Wenn sich etwas auf die 1. Pers. Pl. bezieht, heißt es:

notre père (m. Sg.)	*unser Vater*
notre mère (f. Sg.)	*unsere Mutter*
nos cousins (m. Pl.)	*unsere Cousins*
nos tantes (f. Pl.)	*unsere Tanten*

Wenn sich etwas auf die 2. Pers. Pl. bezieht, heißt es:

votre bagage (m. Sg.)	*euer/Ihr Gepäck*
votre voiture (f. Sg.)	*euer/Ihr Auto*
vos passeports (m. Pl.)	*eure/Ihre Pässe*
vos valises (f. Pl.)	*eure/Ihre Koffer*

Wenn sich etwas auf die 3. Pers. Pl. bezieht, heißt es:

leur appartement (m. Sg.)	*ihre Wohnung*
leur cuisine (f. Sg.)	*ihre Küche*
leurs voisins (m. Pl.)	*ihre Nachbarn*
leurs filles (f. Pl.)	*ihre Töchter*

Zur Erinnerung: Wenn man mit einer fremden Person oder einer Person, die man siezt, redet, verwendet man im Französischen häufig die Anredeformen **monsieur, madame** und **mademoiselle**. Die dazugehörigen Possessivpronomen sind **votre** und **vos**.

Zur Erinnerung: Wenn eine einzelne Person etwas in der Mehrzahl besitzt, dann heißt es **ses vêtements** (*seine/ihre Kleidungsstücke*), wenn dasselbe jedoch mehrere Personen besitzen, heißt es: **leurs vêtements** (*ihre Kleidungsstücke*).
Ein häufiger Fehler ist der Gebrauch von **son/sa/ses** statt **leur/leurs**:
Ils/Elles parlent de leurs (nicht: ~~ses~~) **propres problèmes.** – *Sie sprechen über ihre eigenen Probleme.*

Wenn man das Pronomen **on** in der Bedeutung von **nous** (*wir*) verwendet, kommt das zu **nous** gehörige Possessivpronomen zum Einsatz:
On cherche nos clés. – *Wir suchen unsere Schlüssel.*
On part avec nos enfants. – *Wir verreisen mit unseren Kindern.*

1. Papa kommt morgen zu uns. ....
2. Kommt Mama mit ihm? ....
3. Sie kommen beide. ....
4. Kommst du? ....
5. Nein, ich bleibe. ....
6. Komm mit uns (mit)! ....
7. Kommt bald zurück! ....
8. Die Duponts kommen Montag zurück. ....
9. Wann kommen sie zurück? ....
10. Komm nicht zu spät zurück. ....
11. Kommt ihr dieses Jahr wieder nach Spanien? ....
12. Cyrille ist Franzose. Er kommt aus der Provence. ....
13. Monique kommt nächste Woche aus Italien zurück. ....
14. Woher kommst du? ....
15. Ich bin Pole. Ich komme aus Krakau. ....
16. Komm! ....
17. Wir kommen in zwei Stunden zurück. ....
18. Also, kommst du mit uns (mit)? ....

1. Papa vient chez nous demain.
2. Maman vient avec lui ?
3. Ils/Elles viennent tou(te)s les deux.
4. Tu viens ?
5. Non, je reste.
6. Viens avec nous !
7. Revenez vite !
8. Les Dupont reviennent lundi.
9. Ils/Elles reviennent quand ?
10. Ne reviens pas trop tard.
11. Vous revenez en Espagne cette année ?
12. Cyrille est français. Il vient de Provence.
13. Monique revient d'Italie la semaine prochaine.
14. Tu viens d'où ?
15. Je suis polonais. Je viens de Cracovie.
16. Viens !
17. Nous revenons dans deux heures.
18. Alors, tu viens avec nous ?

Die Konjugationsformen von **venir** (*kommen*) sind:

je	**viens**	**nous**	**venons**
tu	**viens**	**vous**	**venez**
il/elle/on	**vient**	**ils/elles**	**viennent**

Bei der Konjugation dieses Verbs kommen drei Stämme zum Tragen: **vien-**, **ven-**, **vienn-**. **Venir** hat eine ähnliche Bedeutung wie **arriver** (*ankommen*). Durch Hinzufügen des Präfixes **re-**, das in diesem Fall eine nochmalige Ausführung der Handlung kennzeichnet, wird das Verb **revenir** (*zurückkommen/zurückkehren*) gebildet.

Tous les deux (Satz 3) bedeutet *beide*. Im Französischen gibt es dazu eine feminine Form: **toutes les deux**.

Im Imperativ wird das Personalpronomen (**tu, vous**), wie im Deutschen teilweise auch, i. d. R. weggelassen:

Viens ! - *Komm!* bzw.: **Venez !** - *Kommt! / Kommen Sie!*

Darauf kann man antworten: **J'arrive !** - *Ich komme!* Würde man hingegen **Je pars !** oder **Je vais!** sagen, würde dies bedeuten: *Ich gehe weg!*

In der Umgangssprache kann man eine Frage einfach mithilfe der Intonation stellen und Fragewörter wie (**quand ?** - *wann?*, **où ?** - *wo?*, **comment ?** - *wie?*) ans Satzende stellen.

Das Verb **revenir** (*zurückkommen*) wird i. d. R. kombiniert mit ortsmäßigen Bestimmungen, die die Fragen *woher?* oder *wohin?* betreffen. In der Bedeutung *zurückkommen nach/in* steht nach dem Verb die Präposition **à** vor Städtenamen bzw. **au/aux** vor maskulinen Ländernamen bzw. im Plural:

Je reviens à Paris. - *Ich komme nach Paris zurück.*

Il revient au Portugal / aux États-Unis. - *Er kommt nach Portugal / in die Vereinigten Staaten zurück.*

Vor femininen Namen von Kontinenten, Regionen oder Staaten steht die Präposition **en**: **Il revient en Allemagne.** - *Er geht nach Deutschland zurück.*

19. Die Touristen kommen aus Ägypten zurück. ....

20. Kommen sie nicht mit dir (mit)? ....

21. Dieser schöne Teppich ist aus der Türkei. ....

22. Dieser Wein ist aus Frankreich. ....

23. Kommst du heute Abend zu mir nach Hause? ....

24. Papa kommt vom Arzt (zurück). ....

25. Wann kommst du von Robert zurück? ....

26. Wann kommt ihr zurück? ....

27. Wir kommen in einem Monat zurück ....

28. Ich komme in einer Woche zurück. ....

29. Warum kommst du nicht zu mir? ....

30. Ich komme spät nach Hause. ....

31. Kommst du alleine zurück? ....

32. Nein, ich komme mit ihnen zurück. ....

33. Hier, das ist für dich. ....

34. Sieh mal einer an, was machst du denn hier? ....

35. Hier bitte, das ist für Sie. ....

36. Mama hält das Kind an der Hand. ....

19. Les touristes reviennent d'Égypte.

20. Ils/Elles ne viennent pas avec toi ?

21. Ce beau tapis vient de Turquie.

22. Ce vin vient de France.

23. Tu viens chez moi ce soir ?

24. Papa vient de chez le docteur / le médecin.

25. Quand reviens-tu de chez Robert ?

26. Quand est-ce que vous revenez ?

27. Nous revenons / On revient dans un mois.

28. Moi, je reviens dans une semaine.

29. Pourquoi tu ne viens pas chez moi ?

30. Je reviens tard à la maison.

31. Tu reviens seule ?

32. Non, je reviens avec eux.

33. Tiens, ça, c'est pour toi.

34. Tiens, qu'est-ce que tu fais ici ?

35. Tenez, ça, c'est pour vous.

36. Maman tient l'enfant par la main.

Auf das Verb **revenir** in der Bedeutung *zurückkommen (aus, von)* folgt die Präposition **de** vor femininen Namen von Städten, Regionen oder Ländern:
Je reviens de Toulouse. – *Ich komme aus Toulouse zurück.*
Il revient d'Allemagne. – *Er kommt aus Deutschland zurück.*
On revient de Provence. – *Wir kommen aus der Provence zurück.*
Vor maskulinen Ländernamen oder solchen im Plural steht nach den Verben **venir** und **revenir** die zusammengezogene Form **du** (**de le** → **du**) / **des** (**de les** → **des**), z. B. **Je viens/reviens du Portugal**. – *Ich komme aus Portugal. / Ich komme aus Portugal zurück.*

In Verbindung mit Personennamen wird nach Verben wie **aller, venir** und **revenir** die Präposition **chez qn** in der Bedeutung *zu jdm.* oder **de chez qn** – *von jdm.* gebraucht.

Zur Bestimmung der Zeitspanne, wann eine Handlung einsetzen wird, verwendet man im Französischen die Präposition **dans**:

dans une heure	*in einer Stunde*
dans deux jours	*in zwei Tagen*
dans un an	*in einem Jahr*
dans trois mois	*in drei Monaten*
dans une semaine	*in einer Woche*
dans quinze jours / dans deux semaines	*in vierzehn Tagen / in zwei Wochen*
dans six mois	*in sechs Monaten*

Wie **venir** und **revenir** werden auch die Verben **devenir** (*werden*) sowie **tenir** (*halten*) konjugiert:

je	**tiens**	**nous**	**tenons**
tu	**tiens**	**vous**	**tenez**
il/elle/on	**tient**	**ils/elles**	**tiennent**

In der Umgangssprache hört man oft die Form **tiens**, die als Ausdruck von Überraschung verwendet wird. Auch kann die Aufmerksamkeit einer Person auf etwas gelenkt werden (*sieh mal! / sieh an!*). **Tiens** kann aber auch *hier bitte, hier nimm, halt mal* bedeuten.

1. Ich komme am Sonntag zurück. ....
2. Die Kinder kommen am Donnerstag. ....
3. Wann fährst du los? ....
4. Ich fahre Montag oder Dienstag los. ....
5. Mittwoch und Freitag bin ich zu Hause. ....
6. Am Freitag fahren sie ins Dorf / aufs Land. ....
7. Am Donnerstag gehen wir mit Freunden aus. ....
8. Kannst du am Samstag mit mir zu meinen Eltern fahren? ....
9. Sie hören morgens und abends Radio. ....
10. Sie arbeitet nachmittags. ....
11. Kommt heute Abend zu uns. ....
12. Es regnet den ganzen Tag. ....
13. Wir wollen nicht den ganzen Tag vor dem Fernseher verbringen. ....
14. Ich mag den Sommer, aber den Winter mag ich nicht. ....
15. Ich kann im Sommer nicht wegfahren. ....
16. Im Frühling und im Herbst bin ich oft krank. ....
17. Sie liebt Skifahren im Winter. ....
18. Dieses Jahr fahren sie im Sommer nach Norwegen. ....

1. Je reviens dimanche.
2. Les enfants viennent jeudi.
3. Toi, tu pars quand ? / Quand est-ce que tu pars ?
4. Je pars lundi ou mardi.
5. Mercredi et vendredi, je suis à la maison.
6. Vendredi, ils/elles vont au village / à la campagne.
7. Jeudi, on sort avec des amis.
8. Tu peux aller avec moi chez mes parents samedi ?
9. Le matin et le soir, ils/elles écoutent la radio.
10. Elle travaille l'après-midi.
11. Venez chez nous ce soir.
12. Toute la journée, il pleut.
13. On ne veut pas / Nous ne voulons pas passer toute la journée devant la télé.
14. J'aime l'été, mais je n'aime pas l'hiver.
15. Je ne peux pas partir en été.
16. Au printemps et en automne, je suis souvent malade.
17. Elle adore le ski en hiver.
18. Cette année, en été, ils/elles vont en Norvège.

Vor den Tagen der aktuellen bzw. folgenden Woche wird in der Bedeutung *(am) Montag* usw. weder Artikel noch Präposition gesetzt:
J'arrive lundi. – *Ich komme (am) Montag.*
Ils/Elles partent samedi. – *Sie reisen (am) Samstag ab.*

Folgende Ausdrücke geben die Tageszeiten wieder:
le matin – *am Morgen, morgens*; **midi** – *Mittag*; **à midi** – *am Mittag, mittags*; **l'après-midi** – *am Nachmittag, nachmittags*; **le soir** – *am Abend, abends*; **le jour** – *der Tag, am Tage*; **la nuit** – *die Nacht, nachts*; **minuit** – *Mitternacht*; **à minuit** – *um Mitternacht*.

Als Antwort auf die Frage **quand ?** (*wann?*) verwendet man im Zusammenhang mit Jahreszeiten **au** bzw. **en** in der Bedeutung *im Frühling* usw.: **au printemps** (*im Frühling*), **en été** (*im Sommer*), **en automne** (*im Herbst*), **en hiver** (*im Winter*).
Weitere mögliche Formulierungen: **cet été** – *in diesem Sommer*, **cet automne** – *in diesem Herbst*, **cet hiver** – *in diesem Winter*, **ce printemps** – *in diesem Frühling/Frühjahr*.

Im Französischen gibt es jeweils zwei Substantive, die den Tag, den Morgen, den Abend und das Jahr bezeichnen, und zwar: **le jour - la journée, le matin - la matinée, le soir - la soirée, l'an - l'année**.
Die kurzen maskulinen Substantive (**le jour** usw.) bezeichnen die Tageszeiten selbst. Die zweiten, also die femininen (**la journée** usw.), geben den Zeitraum wieder, in dem etwas passiert oder stattfindet:
Je sors le soir. – *Ich gehe am Abend aus.*
Le matin, je vais au travail. – *Vormittags gehe ich zur Arbeit.*
Je passe la soirée avec Louis. – *Ich verbringe den Abend mit Louis.*
Bonne journée ! – *Einen schönen Tag!*
Bonne soirée ! – *Einen schönen Abend!*
Die entsprechenden femininen Formen werden häufig von dem Adjektiv **toute** – *ganze(r, s)* begleitet:
toute la journée – *den ganzen Tag lang/über*
toute la soirée – *den ganzen Abend lang/über*
toute l'année – *das ganze Jahr lang/über.*

19. Diesen Sommer bleibe ich in Deutschland.
....

20. Ich kaufe einen neuen Mantel für diesen Herbst.
....

21. Es ist März.
....

22. Nimmt er seinen Urlaub im August oder im September?
....

23. Sie beginnen ihr Studium im Oktober.
....

24. Im Januar möchte er nach Italien gehen.
....

25. Wer ist im Februar geboren?
....

26. Sie wollen im April umziehen.
....

27. Der Mai ist ein außergewöhnlicher Monat.
....

28. Kommen sie im Juni oder im Juli?
....

29. Im Dezember kauft man kein Auto, sondern im April.
....

30. Wir haben Herbst.
....

31. Wir haben November.
....

32. Komm im Dezember zu Weihnachten.
....

33. Kommt heute Nachmittag zu uns.
....

34. Die Feier ist Donnerstagabend.
....

35. Hier regnet es das ganze Jahr.
....

36. Am Freitag starten wir unseren Wochenendausflug.
....

19. Cet été, je reste en Allemagne.

20. J'achète un nouveau manteau pour cet automne.

21. C'est le mois de mars.

22. Il prend ses congés en août ou en septembre ?

23. Ils/Elles commencent leurs études en octobre.

24. En janvier, il voudrait aller en Italie.

25. Qui est né(e) en février ?

26. Ils/Elles veulent déménager en avril.

27. Mai, c'est un mois exceptionnel.

28. Ils/Elles viennent en juin ou en juillet ?

29. On n'achète pas de voiture en décembre, mais en avril.

30. Nous sommes en automne.

31. C'est le mois de novembre.

32. Viens en décembre pour Noël.

33. Venez chez nous cet après-midi.

34. La fête est jeudi soir.

35. Ici, il pleut toute l'année.

36. Vendredi, nous partons en week-end.

Hier die französischen Monatsnamen im Überblick (sie werden ohne Artikel verwendet):

janvier	*Januar*	**juillet**	*Juli*
février	*Februar*	**août**	*August*
mars	*März*	**septembre**	*September*
avril	*April*	**octobre**	*Oktober*
mai	*Mai*	**novembre**	*November*
juin	*Juni*	**décembre**	*Dezember*

Wenn das Wort **le mois** (*Monat*) dem Monatsnamen vorangestellt wird, steht dazwischen die Präposition **de: le mois de mai** (wörtl. *der Monat Mai*), **le mois d'août** (wörtl. *der Monat August*).

Août (*August*) hat zwei verschiedene Aussprachen: [u] oder [ut].

Vor den Monatsnamen auf die Frage *wann?* kann man in der Antwort Folgendes verwenden:

- die Präposition **en**, z. B. **en juin** – *im Juni*, **en août** – *im August;*
- den Ausdruck **au mois de**, z. B. **au mois de juillet** – *im Juli*, **au mois d'octobre** – *im Oktober.*

Die Form **au** ist eine mit Artikel zusammengezogene Form (siehe unité 14).

Bei Zeitangaben wird im Französischen meistens das Verb **être** (*sein*) in der 1. Pers. Pl. verwendet:

Nous sommes mardi. – *Es ist Dienstag.*

Nous sommes au printemps. – *Wir haben Frühling.*

Nous sommes en hiver. – *Es ist Winter.*

Man kann nicht sagen: ~~**Nous avons l'hiver.**~~

Vocabulaire

....

....

....

....

....

....

1. Welchen Tag haben wir heute? ....
2. Heute ist Montag. ....
3. Morgen ist Dienstag. ....
4. Welches Datum haben wir? ....
5. Es ist der zehnte August zweitausenddreizehn. ....
6. Wann bist du geboren? ....
7. Ich bin am ersten Januar geboren. ....
8. Mein Sohn ist am dritten Mai geboren. ....
9. Übermorgen ist Freitag. ....
10. Heute Abend bin ich beschäftigt. ....
11. Ich komme heute Nacht von der Tour zurück. ....
12. Sie bleibt von Montag bis Mittwoch zu Hause. ....
13. Sie kommen in zwei Wochen aus Frankreich an. ....
14. In sechs Monaten komme ich wieder nach Deutschland. ....
15. Wann arbeitest du, tagsüber oder nachts? ....
16. Es ist Mittag. ....
17. Mittags bin ich bei der Arbeit. ....
18. Es ist ein Uhr. ....

1. Quel jour sommes-nous aujourd'hui ?
2. Aujourd'hui, nous sommes lundi.
3. Demain, c'est mardi.
4. C'est quelle date ?
5. C'est le dix août deux mille/mil treize.
6. Quand es-tu né(e) ?
7. Je suis né(e) le premier janvier.
8. Mon fils est né le trois mai.
9. Après-demain, c'est vendredi.
10. Ce soir, je suis occupé(e).
11. Je reviens de l'excursion cette nuit.
12. De lundi à mercredi, elle reste à la maison.
13. Ils/Elles arrivent de France dans quinze jours.
14. Dans six mois, je reviens en Allemagne.
15. Quand est-ce que tu travailles, le jour ou la nuit ?
16. Il est midi.
17. À midi, je suis au travail.
18. Il est une heure.

Steht **quel jour** (*was für ein Tag*) am Anfang der Frage, folgt der Verbindung das finite Verb, das mit dem Pronomen in Subjektfunktion mit Bindestrich verbunden wird (Inversionsfrage).

In Verbindung mit dem Wort **demain** (*morgen*) wird in Aussagen oft der Ausdruck **c'est** verwendet: **Demain, c'est samedi.** - *Morgen ist Samstag.*

Das Datum wird durch den Artikel **le** eingeleitet, z. B. **Paris, le 3 mai 2014**.

Bei der Datumsangabe werden Grundzahlwörter (z. B. **deux, trois**) verwendet und keine Ordnungszahlen wie im Deutschen: **Je suis né(e) le trois juin.** - *Ich bin am dritten Juni geboren.*
Die Ausnahme bildet das Zahlwort **premier**: **Il est né le premier mai.** - *Er ist am ersten Mai geboren.*

Das Wort **après** kann sowohl als Adverb mit der Bedeutung *dann* als auch als Präposition in der Bedeutung *nach* fungieren:
après le déjeuner - *nach dem Mittagessen.*
In der Verbindung mit **demain** bildet es das Temporaladverb **après-demain**, das *übermorgen* bedeutet.

Die Präpositionen **de ... à ...** bezeichnen den Zeitraum *von ... bis ...*:
de jeudi à samedi - *von Donnerstag bis Samstag*

Il est midi. - *Es ist zwölf (Uhr).*
Il est minuit. - *Es ist Mitternacht.*
Das Wort **heure** (*Stunde, Uhr(zeit)*) beginnt mit einem stummen **h**, deshalb kommt es bei der Aussprache zu einer Liaison (**trois heures, six heures** usw.).

19. Um ein Uhr esse ich zu Mittag. ....

20. Es ist halb fünf. ....

21. Das Flugzeug fliegt um halb neun ab. ....

22. Ich gehe um zwanzig nach fünf. ....

23. Papa kommt um Viertel nach sieben. ....

24. Wir gehen um Viertel nach acht los. ....

25. Der Film beginnt um zehn vor neun. ....

26. Das Spiel endet um Viertel vor elf. ....

27. Wie spät ist es? ....

28. Es ist zwanzig vor zwölf. ....

29. Um wie viel Uhr gehst du in den Club? ....

30. Ich gehe um Viertel nach fünf in den Club. ....

31. Ich bin von drei bis sechs Uhr in der Bibliothek. ....

32. Er bleibt bis zehn Uhr im Büro. ....

33. Arbeitest du bis sieben Uhr abends? ....

34. Ich gehe morgens um acht zur Arbeit. ....

35. Ich habe bis zwei Uhr nachmittags Schule. ....

36. Um wie viel Uhr gehst du aus dem Haus? ....

19. À une heure, je déjeune.

20. Il est quatre heures et demie.

21. L'avion décolle à huit heures et demie.

22. Je sors à cinq heures vingt.

23. Papa vient à sept heures et quart.

24. Nous sortons à huit heures et quart.

25. Le film commence à neuf heures moins dix.

26. Le match finit à onze heures moins le quart.

27. Quelle heure est-il ?

28. Il est midi moins vingt.

29. À quelle heure tu vas en boîte ?

30. Je vais en boîte à cinq heures et quart.

31. Je suis à la bibliothèque de trois heures à six heures.

32. Il reste au bureau jusqu'à dix heures.

33. Tu travailles jusqu'à sept heures du soir ?

34. Je vais au travail à huit heures du matin.

35. Je finis l'école à deux heures de l'après-midi.

36. À quelle heure tu sors de la maison ?

Halbe Stunden werden durch Hinzufügen von **demie** (*halb*) zu den vollen Stunden und der Konjunktion **et** (*und*) wiedergegeben:
Il est une heure et demie. – *Es ist halb zwei.*

Möchte man bei der Uhrzeit die Minuten angeben, dann muss man nach der Stunde das Grundzahlwort für diese angeben:
Il est une heure dix. – *Es ist zehn nach eins.*
Wenn es sich um eine Viertelstunde handelt, kann man auch das Wort **quart** (*Viertel*) mit der Konjunktion **et** (*und*) verwenden:
Il est midi et quart. – *Es ist Viertel nach zwölf.*

Wenn einige Minuten bis zur vollen Stunde fehlen, verwendet man das Wort **moins** (*weniger*):
Il est une heure moins cinq. – *Es ist fünf vor eins* (wörtl.: *eins weniger fünf*).
Soll das Wort **quart** (*Viertel*) mit **moins** verbunden werden, setzt man den bestimmten Artikel davor:
Il est midi moins le quart. – *Es ist Viertel vor zwölf.*

Das Fragewort **quel?** (*welcher?, was für ein?*) muss man an Genus und Numerus des Substantivs anpassen, vor dem es steht:

quel (m. Sg.)	*welcher?, was für ein?*
quelle (f. Sg.)	*welche?, was für eine?*
quels (m. Pl.)	*welche?, was für welche?*
quelles (f. Pl.)	*welche?, was für welche?*

Alle diese Formen werden gleich ausgesprochen: **[kɛl]**.

Quelle heure est-il ?	*Wie spät ist es?*
De quelle couleur est le ciel ?	*Welche Farbe hat der Himmel?*
Quel livre achètes-tu ?	*Welches Buch kaufst du?*
Quels films aimes-tu ?	*Was für Filme magst du?*

Der Ausdruck **jusqu'à** heißt *bis*: **de huit heures jusqu'à midi** – *von 8 bis 12 Uhr mittags.*

1. Es ist Papas Auto.	....
2. Welche Farbe hat sein Auto?	....
3. Wo ist das Fahrrad des Jungen?	....
4. Wo sind die Spielsachen des Kindes?	....
5. Wo ist das Kinderzimmer?	....
6. Ich hätte gern das Tagesgericht, bitte.	....
7. Es ist eine Spezialität des Küchenchefs.	....
8. Was kostet das Benzin?	....
9. Was kostet das Brot?	....
10. Das Studentenleben ist interessant.	....
11. Die Mädchen reden über Mode.	....
12. Sie reden gerne über Autos und Sport.	....
13. Sprecht ihr über den Ausflug?	....
14. Wir reden über die Hochzeit und das weiße Kleid.	....
15. Kommt ihr vom Kino zurück?	....
16. Um wie viel Uhr gehst du aus dem Büro?	....
17. Die Bank ist gegenüber von den Geschäften.	....
18. Ich habe Angst vor Spinnen.	....

1. C'est la voiture de papa.
2. Quelle est la couleur de sa voiture ?
3. Où est le vélo du garçon ?
4. Où sont les jouets de l'enfant ?
5. Où est la chambre des enfants ?
6. Pour moi, le plat du jour, s'il vous plaît.
7. C'est une spécialité du chef.
8. Quel est le prix de l'essence ?
9. Quel est le prix du pain ?
10. La vie des étudiants est intéressante.
11. Les filles parlent de mode.
12. Ils/Elles aiment parler des voitures et de sport.
13. Est-ce que vous parlez de l'excursion ?
14. Nous parlons du mariage et de la robe blanche.
15. Vous revenez du cinéma ?
16. À quelle heure tu sors du bureau ?
17. La banque est en face des magasins.
18. J'ai peur des araignées.

Bei der Übersetzung von Genitivattributen (wessen?) aus dem Deutschen ins Französische wird sehr oft die Präposition **de** verwendet. Das Substantiv, vor dem die Präposition **de** steht, kann ohne Artikel (z. B. vor Namen) oder mit Artikel gebraucht werden:

- Das Substantiv wird in Fällen wie dem folgenden ohne Artikel und nur mit der Präposition **de** verwendet:
  le vélo de Luc – *Lucs Fahrrad.*
- Wenn das Substantiv mit einem Vokal beginnt, steht nach **de** der verkürzte Artikel **l':**
  un jouet de l'enfant – *ein Spielzeug des Kindes.*
- Wenn das Substantiv feminin ist, stehen **de** und **la** nebeneinander:
  la couleur de la voiture – *die Farbe des Autos.*
- Wenn das Substantiv maskulin ist und mit einem Konsonanten beginnt, verschmilzt der Artikel **le** mit der Präposition **de** zu **du** (**de + le = du**):
  le vélo du garçon (~~le vélo de le garçon~~) – *das Fahrrad des Jungen.*
- Auch bei einem Substantiv im Plural verschmilzt der Artikel **les** mit der Präposition **de** zu **des** (**de + les = des**):
  les bagages des touristes (~~les bagages de les touristes~~) – *das Gepäck der Touristen.*

Die zusammengezogenen Artikel (**du, des**) werden auch nach Verben gebraucht, die sich mit dem Artikel **de** verbinden:
parler de – *reden/sprechen über,* **sortir de** – *herausgehen aus,* **profiter de** – *(aus)nutzen,* **se servir de** – *(be)nutzen,* **rire de** – *lachen über,* **être fier de** – *stolz sein auf*:
Je parle du livre de Marguerite Duras. – *Ich spreche über das Buch von Marguerite Duras.*
Vor nicht zählbaren Substantiven steht i. d. R. nur die Präposition **de** (wie in den Sätzen 11 und 12).

Zusammengezogene Artikel stehen auch nach Lokalbestimmungen, die sich mit der Präposition **de** verbinden:
à côté de – *neben*
au centre de – *im Zentrum*
près de – *nahe, bei.*
Ebenso können sie nach verbalen Ausdrücken stehen, die mit der Präposition **de** stehen:
avoir peur de – *Angst haben vor*
avoir envie de – *Lust haben auf.*

19. Sag der Dame guten Tag. ....

20. Ruf den Arzt an. ....

21. Kannst du den Eltern schreiben? Ich kann mit dem Rektor sprechen. ....

22. Er denkt nicht an die Schule. ....

23. Denkt ihr an die Ferien? ....

24. Der Lehrer spricht mit den Schülern. ....

25. Ich schreibe an die Freunde. ....

26. Willst du Karten spielen? ....

27. Benoît spielt Ball. ....

28. Er lächelt den Kunden zu. ....

29. Ich muss das Krankenhaus anrufen. ....

30. Ich spiele gerne Schach. ....

31. Ich denke an die Kinder. ....

32. Dieser Film gefällt dem Publikum. ....

33. Sie lächelt immer die Leute an. ....

34. Was können Sie den Touristen anbieten? ....

35. Kannst du die Bücher zur Bibliothek zurückbringen? ....

36. Geht ihr ins Stadion? ....

19. Dis bonjour à la dame.
20. Téléphone au médecin.
21. Tu peux écrire aux parents ? Moi, je peux parler au directeur.
22. Il ne pense pas à l'école.
23. Vous pensez aux vacances ?
24. Le professeur parle aux élèves.
25. J'écris aux amis.
26. Tu veux jouer aux cartes ?
27. Benoît joue au ballon.
28. Il sourit aux clients.
29. Je dois téléphoner à l'hôpital.
30. J'aime jouer aux échecs.
31. Je pense aux enfants.
32. Ce film plaît aux spectateurs.
33. Elle sourit toujours aux gens.
34. Qu'est-ce que vous pouvez offrir aux touristes ?
35. Tu peux rendre les livres à la bibliothèque ?
36. Vous allez au stade ?

Wenn das Verb die Präposition **à** erfordert, dann kann danach Folgendes stehen:

- Wenn das Substantiv oder der Eigenname ohne Artikel gebraucht wird, dann steht dieses Wort unmittelbar nach der Präposition: **écrire à maman / à Jeanne** - *(an) Mama / Jeanne schreiben.*
- Wenn das Substantiv mit einem Vokal beginnt, dann steht nach dem à die Artikelform **l': parler à l'enfant** - *mit dem Kind sprechen.*
- Wenn es sich um ein feminines Substantiv handelt, verschmilzt die Präposition à nicht mit dem bestimmten Artikel: **sourire à la tante** - *die Tante anlächeln.*
- Wenn es sich um ein maskulines Substantiv handelt, verschmilzt die Präposition à mit dem unbestimmten Artikel le zur Form au (**à + le = au**): **téléphoner au plombier (~~téléphoner à le plombier~~)** - *den Klempner anrufen.*
- Steht das Substantiv im Plural, verschmilzt die Präposition à mit dem Artikel les zu aux (**à + les = aux**): **penser aux vacances (~~penser à les vacances~~)** - *an die Ferien denken.*

Hier einige Verben, die den Gebrauch der Präposition à erfordern:
penser à - *denken an*, **téléphoner à** - *anrufen*, **écrire à** - *schreiben an*, **parler à** - *reden mit*, **jouer à** - *spielen* (z. B. Ball, Sport; bei Instrumenten hingegen **de**), **aller à** - *gehen zu/nach*, **offrir à** - *schenken/anbieten*, **plaire à** - *gefallen*, **demander à** - *bitten/fragen.*

Hier einige Satzbeispiele:
Je pense à toi. - *Ich denke an dich.*
Il pense au séjour en France. - *Er denkt an den Aufenthalt in Frankreich.*
Nous pensons au départ. - *Wir denken an die Abreise.*
Ils/Elles jouent au tennis. - *Sie spielen Tennis.*
Qu'est-ce que tu demandes au professeur ? - *Was fragst du den Lehrer?*

Es ist bei diesen Sätzen auf die Liaison zu achten:
Ils pensent aux enfants. | Ils parlent aux élèves. | Elle écrit aux amis. | Elles jouent aux échecs.

1. - Musst du hinausgehen?
   - Entschuldige, ich muss telefonieren. ....
2. Du sollst nicht gehen. ....
3. Was sollen wir tun? ....
4. Wir müssen zu Hause bleiben. ....
5. Wir müssen die Party organisieren. ....
6. Sie müssen die Autobahn nehmen. ....
7. Sie müssen nach links abbiegen(, mein Herr). ....
8. Herr und Frau Legros müssen umziehen. ....
9. Sie müssen sich auf dem Land niederlassen. ....
10. Ich muss ebenfalls die Stadt verlassen. ....
11. Ihr müsst an die Ferien denken. ....
12. Muss ich einen Arzt aufsuchen? ....
13. Sie muss über diesen Vorschlag nachdenken. ....
14. Du musst deinen Reisepass mitnehmen. ....
15. Wir müssen warten. ....
16. Du sollst dir etwas aussuchen. ....
17. Wie viel schulde ich Ihnen? ....
18. Ich denke, du darfst nicht kommen. ....

1. - Tu dois sortir ?
   - Excuse-moi, je dois téléphoner.
2. Tu ne dois pas partir.
3. Qu'est-ce qu'on doit / nous devons faire ?
4. Nous devons rester à la maison.
5. On doit / Nous devons organiser la fête.
6. Vous devez prendre l'autoroute.
7. Vous devez tourner à gauche, Monsieur.
8. Monsieur et Madame Legros doivent déménager.
9. Ils/Elles doivent s'installer à la campagne.
10. Moi aussi, je dois quitter la ville.
11. Vous devez penser aux vacances.
12. Est-ce que je dois consulter un médecin ?
13. Elle doit réfléchir à cette proposition.
14. Tu dois prendre ton passeport.
15. On doit / Nous devons attendre.
16. Tu dois choisir quelque chose.
17. Je vous dois combien ?
18. Je pense que tu ne dois pas venir.

Das Verb **devoir** (*müssen, verpflichtet sein*) wird unregelmäßig konjugiert:

je dois	*ich muss*
tu dois	*du musst*
il/elle doit	*er/sie muss*
on doit	*man muss*
nous devons	*wir müssen*
vous devez	*ihr müsst*
ils/elles doivent	*sie müssen*

Das Verb verfügt über drei Stämme: **doi-**, **dev-** und **doiv-**. Es wird mit einem Infinitiv gebraucht:

Je dois partir. – *Ich muss wegfahren.*
Nous devons rester. – *Wir müssen bleiben.*
Ils /Elles doivent travailler. – *Sie müssen arbeiten.*

Zur Erinnerung: **à gauche** – *nach links*, **à droite** – *nach rechts*, **tout droit** – *geradeaus*.

Das Verb **s'installer** ist ein reflexives Verb (siehe unité 30) und wird in den Bedeutungen *einziehen, sich einrichten*, aber auch: *sich setzen, sich an einem Ort niederlassen* gebraucht.

Das Verb **quitter** (*verlassen*) kann man in Sätzen verwenden wie:
Je quitte la ville. – *Ich verlasse die Stadt.*
Je vous quitte. – *Ich verlasse euch. / Ich gehe.*

Die Form **aux** setzt sich zusammen aus der Präposition **à** und dem bestimmten Pluralartikel **les** (**à + les = aux**).

Das Verb **consulter** steht im Französischen ohne Präposition. Es kann sich sowohl auf eine Sache als auch auf eine Person beziehen. In Bezug auf eine Sache bedeutet es *nachschlagen, zu Rate ziehen*, in Bezug auf eine Person dagegen *um Rat fragen, konsultieren*:
Je dois consulter un dictionnaire. – *Ich muss in einem Wörterbuch nachschlagen.*
Je veux consulter mon chef. – *Ich möchte mich mit meinem Chef / meiner Chefin beraten.*

Die Verben **choisir** (*auswählen*) und **réfléchir à** (*nachdenken über*) gehören zur 2. Konjugationsklasse.

19. Was sollen wir besichtigen?
....

20. Was soll ich kaufen?
....

21. Du musst deine Meinung sagen.
....

22. Du sollst Mama helfen.
....

23. Wir müssen in Euro zahlen.
....

24. Wir müssen dort entlanggehen.
....

25. Bekommst du Neuigkeiten von deinem Bruder?
....

26. Ich bekomme Neuigkeiten von Mama.
....

27. Samstag haben sie Gäste.
....

28. Sie bekommen oft Briefe.
....

29. Wir freuen uns, wenn wir Blumen bekommen.
....

30. Ich bekomme mein Geld mit Verspätung.
....

31. Bekommt ihr unsere Nachrichten / SMS?
....

32. Bekommt ihr auch unsere Fotos?
....

33. Ich bekomme deine E-Mails nicht.
....

34. Wir bekommen Postkarten aus der ganzen Welt.
....

35. Er bekommt dieses Magazin regelmäßig auf Englisch.
....

36. Er erhält sein Gehalt nicht regelmäßig.
....

19. Qu'est-ce que nous devons visiter ?

20. Qu'est-ce que je dois acheter ?

21. Tu dois donner ton opinion.

22. Tu dois aider maman.

23. On doit / Nous devons payer en euros.

24. On doit / Nous devons passer par là.

25. Tu reçois des nouvelles de ton frère ?

26. Je reçois des nouvelles de maman.

27. Samedi, ils/elles reçoivent des invités.

28. Ils/Elles reçoivent souvent des lettres.

29. Nous recevons des fleurs avec plaisir.

30. Je reçois mon argent avec du retard.

31. Vous recevez nos textos / SMS ?

32. Vous recevez aussi nos photos ?

33. Je ne reçois pas tes e-mails.

34. Nous recevons des cartes postales du monde entier.

35. Il reçoit régulièrement ce magazine en anglais.

36. Il ne reçoit pas régulièrement son salaire.

Die Frage **Qu'est-ce que... ?** (*Was ...?*) wird in **unité** 21 besprochen.

Der Ausdruck **par ici** bedeutet *hier entlang* und **par là** *da entlang*. In der Umgangssprache wird **par là** jedoch auch häufig in derselben Bedeutung wie **par ici** verwendet. Dann gibt es keine Opposition dieses Typs:
Allons par ici, et non par là. – *Gehen wir hier und nicht da entlang.*

Die Konjugation des Verbs **recevoir** (*bekommen, empfangen*) ähnelt der von **devoir**:

je	**reçois**
tu	**reçois**
il/elle/on	**reçoit**
nous	**recevons**
vous	**recevez**
ils/elles	**reçoivent**

In der Konjugation kommen drei Stämme vor: **reçoi-, recev-** und **reçoiv-**.
Der Konsonant **c** erhält vor dem Buchstaben **o** ein Zeichen, **cédille** (**ç**) genannt, um zu signalisieren, dass die Aussprache [**s**] erhalten bleibt.
Das Verb **recevoir** erfordert keine Präposition:
Chaque fois je reçois la même réponse. – *Jedes Mal bekomme ich dieselbe Antwort.*

Das Substantiv *Geld* ist im Französischen ebenfalls ein Singularwort, jedoch maskulin:
l'argent – *das Geld*, **son argent** – *ihr/sein Geld*, **cet argent** – *dieses Geld*, **l'argent de poche** – *das Taschengeld*.

Das Substantiv **le monde** hat zwei Bedeutungen: *Welt* und *Leute*. Der Ausdruck *die ganze Welt* wird übersetzt mit **le monde entier**.

Adverbien stehen nach dem Verb:
Nous recevons régulièrement nos factures. – *Wir bekommen regelmäßig (unsere) Rechnungen.*
Zur Erinnerung:
le magazine – *Zeitschrift*, **le magasin** – *Laden/Geschäft;*
l'anglais – *(das) Englisch(e)*, **en anglais** – *auf Englisch.*

1. Hast du Hunger? ....

2. Nein, ich habe Durst. ....

3. Ist dir warm? ....

4. Nein, mir ist kalt. ....

5. Ich habe Höhenangst. ....

6. Wovor hast du Angst? ....

7. Ist euch nicht kalt? ....

8. Doch, uns ist kalt. ....

9. Und ihr, habt ihr Hunger? ....

10. Ja, wir haben Hunger und (wir haben) Durst. ....

11. Die Kinder sind müde. ....

12. Und ihr, seid ihr auch müde? ....

13. Was hast du? ....

14. Ich habe Kopfweh. ....

15. Hast du Bauchschmerzen? ....

16. Wollt ihr ausgehen? Ich bin müde. ....

17. Willst du Schokolade? ....

18. Ich habe Lust auf einen Kaffee und ein Dessert. ....

1. Tu as faim ?
2. Non, j'ai soif.
3. Tu as chaud ?
4. Non, j'ai froid.
5. J'ai peur de l'altitude.
6. Toi, tu as peur de quoi ?
7. Vous n'avez pas froid ?
8. Si, nous avons / on a froid.
9. Et vous, vous avez faim ?
10. Oui, on a faim et (on a) soif.
11. Les enfants ont sommeil.
12. Et vous aussi, vous avez sommeil ?
13. Qu'est-ce que tu as ?
14. J'ai mal à la tête.
15. Tu as mal à l'estomac ?
16. Vous avez envie de sortir ? Moi, j'ai sommeil.
17. Tu as envie de chocolat ?
18. J'ai envie d'un café et d'un dessert.

In dieser **unité** werden gebräuchliche Ausdrücke mit dem Verb **avoir** geübt. Die Substantive stehen hier ohne Artikel. Es handelt sich um folgende:

avoir faim	*Hunger haben*
avoir soif	*Durst haben*
j'ai chaud	*mir ist warm*
j'ai froid	*mir ist kalt*
avoir sommeil	*müde sein*
avoir peur de ...	*Angst haben vor ...*
avoir envie de ...	*Lust haben auf ...*
avoir besoin de ...	*brauchen*

Wie zu erkennen ist, verlangen die drei letzten Ausdrücke den Gebrauch der Präposition **de**.

Das Wort **quoi** – *was* steht in dieser Frage am Satzende, da hier die Wortstellung eines Aussagesatzes erhalten bleibt. Würde man nach etwas Konkretem fragen, kann man dies so formulieren:
Tu as peur de la guêpe ? – *Hast du Angst vor Wespen?*

Auf eine Frage mit Verneinung antwortet man mit **si** anstelle von **oui**:
Tu n'as pas faim ? – *Hast du keinen Hunger?*
Si, j'ai faim. – *Doch, habe ich.*

In der Umgangssprache wird oft anstatt der 1. Pers. Pl. (**nous**) das Personalpronomen **on** (*man*) verwendet, z. B. **On a soif** anstatt **Nous avons soif** (*Wir haben Durst*).

Der Ausdruck **avoir mal** (*Schmerzen haben*, wörtl. *Schmerz haben* – im Sg.) wird mit der Präposition **à** gebraucht, die mit den Artikeln **le** oder **les** zu **au** oder **aux** verschmilzt:
J'ai mal au ventre. – *Mir tut der Bauch weh.*
Il a mal aux dents. – *Er hat Zahnschmerzen.*
Elle a mal aux pieds. – *Ihr schmerzen die Füße.*

Nach dem Ausdruck **avoir envie de** kann man vor das nachfolgende Substantiv den unbestimmten Artikel (**un, une**) setzen:
J'ai envie d'un café et d'un dessert. – *Ich habe Appetit auf (einen) Kaffee und (irgend)ein Dessert.*

19. Ich brauche Mehl, um einen Kuchen zu backen. ....

20. Brauchst du Geld? ....

21. Wir brauchen Zeit. ....

22. Sie möchte nach Paris gehen. Sie muss Französisch lernen. ....

23. Man muss nachdenken. ....

24. Das Datum muss überprüft werden. ....

25. Die Zugfahrkarten müssen gekauft werden. ....

26. Der Tisch muss abgeräumt werden. ....

27. Der Müll muss geleert werden. ....

28. Was müssen wir kaufen? ....

29. Braucht man einen Reisepass? ....

30. Muss man den Tisch reservieren? ....

31. Nein, man braucht den Tisch nicht zu reservieren. ....

32. Man darf das Passwort nicht ändern. ....

33. Was ist jetzt zu tun? ....

34. Das Abendessen muss vorbereitet werden. ....

35. Wir dürfen nicht weinen. ....

36. Es ist wichtig, Bücher zu lesen. ....

19. J'ai besoin de farine pour faire un gâteau.

20. Tu as besoin d'argent ?

21. Nous avons besoin de temps.

22. Elle a envie d'aller à Paris. Elle a besoin d'apprendre le français.

23. Il faut réfléchir.

24. Il faut vérifier la date.

25. Il faut acheter les billets de train.

26. Il faut débarrasser la table.

27. Il faut vider la poubelle.

28. Qu'est-ce qu'il faut acheter ?

29. Est-ce qu'il faut avoir un passeport ?

30. Est-ce qu'il faut réserver la table ?

31. Non, il ne faut pas réserver la table.

32. Il ne faut pas changer de mot de passe.

33. Qu'est-ce qu'il faut faire maintenant ?

34. Il faut préparer le souper.

35. Il ne faut pas pleurer.

36. Il faut lire des livres.

Nach den Ausdrücken **avoir envie de** sowie **avoir besoin de** können Substantive ohne Artikel stehen:
J'ai envie de glace. – *Ich habe Appetit auf Eis.*
Tu as besoin d'aide ? – *Brauchst du Hilfe?*

Die Verbindung **il faut** bedeutet *man muss*. Sie wird mit einem Infinitiv gebraucht:
Il faut attendre. – *Man muss warten.*
Il faut réfléchir. – *Man muss überlegen.*
In der verneinten Form wird entweder das Fehlen der Notwendigkeit oder ein Verbot ausgedrückt:
Il ne faut pas s'inquiéter. – *Man muss (braucht) sich keine Sorgen (zu) machen.*
Il ne faut pas stationner ici. – *Man darf hier nicht parken.*

Wörtlich heißt der Satz: *Man muss den Mülleimer leeren.*

Zur Frage des Typs **Qu'est-ce que... ?** – siehe unité 21.

Nach dem Verb **changer** (*ändern, austauschen*) steht i. d. R. die Präposition **de** statt eines Artikels.

Vocabulaire

....

....

....

....

....

....

....

1. Ein Kilo Äpfel, bitte.	....
2. Für mich zwei Kilo Birnen.	....
3. Kaufe einen Liter Milch und eine Flasche Olivenöl.	....
4. Wo ist das Marmeladenglas?	....
5. Hier ist eine Dose Erbsen für den Salat.	....
6. Bring zwei Flaschen Orangensaft mit.	....
7. Die Kekspackung ist in deiner Tasche.	....
8. Du musst einen Strauß rote Rosen kaufen.	....
9. Zum Frühstück esse ich ein Stück Brot und zwei Scheiben Schinken.	....
10. Viele Geschäfte sind jetzt geöffnet.	....
11. Du isst zu viele Süßigkeiten / Bonbons.	....
12. Wir haben zu viele Probleme.	....
13. Er gibt seinem Sohn wenig Taschengeld.	....
14. Ich habe kein Geld bei mir.	....
15. Kauf keinen Joghurt.	....
16. Wir haben vier Gläser Joghurt im Kühlschrank.	....
17. Ich habe drei Busfahrkarten und zwei U-Bahntickets.	....
18. Wenn ich gehe, nehme ich ein paar Bücher mit.	....

1. Un kilo de pommes, s'il vous plaît.
2. Pour moi, deux kilos de poires.
3. Achète un litre de lait et une bouteille d'huile d'olive.
4. Où est le pot de confiture ?
5. Voilà une boîte de petits pois pour la salade.
6. Apporte deux bouteilles de jus d'orange.
7. Le paquet de biscuits est dans ton sac.
8. Tu dois acheter un bouquet de roses rouges.
9. Au petit déjeuner, je mange un morceau de pain et deux tranches de jambon.
10. Beaucoup de magasins sont ouverts maintenant.
11. Tu manges trop de sucreries / bonbons.
12. Nous avons trop de problèmes.
13. Il donne peu d'argent de poche à son fils.
14. Je n'ai pas d'argent sur moi.
15. N'achète pas de yaourt.
16. Nous avons quatre pots de yaourt dans le frigo.
17. J'ai trois billets d'autobus et deux tickets de métro.
18. Quand je pars, j'emporte quelques livres.

Im Folgenden geht es um Ausdrücke, die eine Menge (**la quantité**) wiedergeben: **un kilo de sucre** - *ein Kilo Zucker* **une bouteille d'eau** - *eine Flasche Wasser* **beaucoup de copains** - *viele Kumpel*, **peu de sel** - *wenig Salz*, **trop de sucreries** - *zu viele Süßigkeiten*, **assez d'huile** - *genug Öl.*

Nach all den Mengenangaben steht die Präposition **de** statt eines Artikels. Vor einem Vokal oder einem stummen **h** steht **d'** statt **de**, z. B. **un kilo d'oranges** - *ein Kilo Orangen.*

Wenn das Satzsubjekt mit **beaucoup + de + Substantiv** gebildet wird und das Substantiv im Plural steht, wird auch das Verb in den Plural gesetzt:
Beaucoup de maisons <u>sont</u> neuves. - *Viele Häuser sind neu.*

In Verneinungssätzen steht vor einem Objekt, das im bejahten Satz mit unbestimmtem Artikel (**un, une, des**) oder dem Teilungsartikel (**du, de la, de l'**; siehe nächste **unité**) steht, die Präposition **de** bzw. **d'**. Vgl.:
J'ai <u>des</u> billets. - *Ich habe Eintrittskarten.*
Je <u>n'</u>ai pas <u>de</u> billets. - *Ich habe keine Eintrittskarten.*
Il a <u>un</u> cahier. - *Er hat ein Heft.*
Il <u>n'</u>a pas <u>de</u> cahier. - *Er hat kein Heft.*

Die beiden französischen Vokabeln **un billet** und **un ticket** können im Deutschen oft mit *Karte* oder *Fahrkarte* übersetzt werden: **un billet de théâtre / de cinéma** - *eine Theater- / Kinokarte*; **un ticket de métro** - *eine U-Bahn-Fahrkarte*. Für den Ausdruck **un billet d'avion** hingegen empfiehlt sich eine Übersetzung wie *Flugticket.*

Wenn die Menge durch ein Zahlwort oder das Wort **quelques** (*einige*) bestimmt wird, kommt die Präposition **de** nicht zum Einsatz:
On a quelques pommes et cinq poires. - *Wir haben einige Äpfel und fünf Birnen.*

19. Kannst du ein Glas Honig und drei Baguettes kaufen? ....

20. Willst du eine Tasse Kaffee? ....

21. Nein, ich trinke ein Glas Wasser. ....

22. Nach dem Mittagessen isst sie Joghurt. ....

23. Und ich trinke Kaffee. ....

24. Mit Zucker? ....

25. Nein, mit Milch, bitte. ....

26. Möchten Sie Wein, Bier oder Saft? ....

27. Ich möchte Apfelsaft. ....

28. Was willst du zum Mittagessen? ....

29. Ich will Hühnchen. ....

30. Und du, was willst du? ....

31. Ich hätte gerne Fisch oder Schweinefleisch. ....

32. Mit Reis oder mit Pommes? ....

33. Für mich mit Reis, bitte. ....

34. Ich trinke keinen Wein. ....

35. Sie hat wirklich Geduld mit uns. ....

36. Er ist müde, er will Stille und Ruhe. ....

19. Tu peux acheter un pot de miel et trois baguettes ?

20. Tu veux une tasse de café ?

21. Non, je prends un verre d'eau.

22. Elle mange du yaourt après le déjeuner.

23. Et moi, je prends du café.

24. Avec du sucre ?

25. Non, avec du lait, s'il vous plaît.

26. Vous voulez du vin, de la bière ou du jus ?

27. Je veux du jus de pommes.

28. Qu'est-ce que tu veux pour le déjeuner ?

29. Moi, je veux du poulet.

30. Et toi, qu'est-ce que tu veux ?

31. Moi, je voudrais du poisson ou du porc.

32. Avec du riz ou avec des frites ?

33. Pour moi, avec du riz, s'il te/vous plaît.

34. Je ne bois pas de vin.

35. Elle a vraiment de la patience avec nous.

36. Il est fatigué, il voudrait du silence et du calme.

Mit dem Teilungsartikel gibt man eine unbestimmte Menge an:
du (m. Sg.), **de la** (f. Sg.)
de l' (m. und f. Sg. vor Vokal oder stummem **h**)
des (m. und f. Pl. - wie der unbestimmte Artikel).
Die Formen können leicht mit den zusammengezogenen Artikeln **du** und **des** verwechselt werden. Der Teilungsartikel wird mit nicht zählbaren Substantiven verwendet, die z. B. Flüssigkeiten, Substanzen oder auch abstrakte Begriffe bezeichnen: **la patience** - *Geduld*, **le silence** - *Stille*, **le calme** - *Ruhe*, **le bruit** - *Lärm*, **le courage** - *Mut*. Im Deutschen wird der Teilungsartikel entweder nicht übersetzt oder durch Ausdrücke wie *ein bisschen, etwas, ein Stück von etwas* usw. ersetzt:
Je veux du thé. - *Ich möchte (etwas / ein wenig) Tee.*
Tu veux du pain ? - *Möchtest du (etwas / ein Stück) Brot?*
Elle a du courage. - *Sie hat Mut.*
Der Teilungsartikel wird vor allem nach folgenden Verben gebraucht:

manger	*essen*
boire	*trinken*
prendre	*nehmen, essen/trinken*
vouloir	*wollen*
acheter	*kaufen*

Das Verb **prendre** wird in **unité** 22 besprochen.

Der Teilungsartikel vor der Bezeichnung von Fleisch (oder auch anderen Gerichten) weist auf dessen Sorte bzw. Art hin:
C'est du bœuf. - *Das ist Rindfleisch.*
C'est du mouton. - *Das ist Hammelfleisch.*
C'est du porc. - *Das ist Schweinefleisch.*
C'est du veau. - *Das ist Kalbfleisch.*

Bei der Verneinung wird anstelle des Teilungsartikels die Präposition **de** verwendet:
Je n'ai pas de patience. - *Ich habe keine Geduld.*
Ils n'ont pas d'essence. - *Sie haben kein Benzin.*
Je ne veux pas de crème. - *Ich will keine Sahne/Creme.*

Vocabulaire

....

1. Ich kann Spanisch sprechen.	....
2. Kannst du kochen?	....
3. Ja, aber ich kann keinen Kuchen backen.	....
4. Sie kann nicht schwimmen.	....
5. Könnt ihr auf Französisch zählen?	....
6. Meine Mutter kann seit drei Jahren Auto fahren.	....
7. Diese fünfjährigen Kinder können schon lesen.	....
8. Wir können kein Schach spielen.	....
9. Kannst du dein Fahrrad reparieren?	....
10. Weißt du, wer der Präsident von Frankreich ist?	....
11. Ich weiß, was du meinst.	....
12. Wissen wir, wer mit uns geht?	....
13. Wir wissen es nicht.	....
14. Ich weiß nicht, was Sie besichtigen möchten.	....
15. Weiß Mama, dass du ausgehst?	....
16. Meine Eltern wissen, dass ich in den Sportverein gehe.	....
17. Wissen Sie, warum das Flugzeug Verspätung hat?	....
18. Entschuldigen Sie, (mein Herr,) wissen Sie, wo das Institut Français ist?	....

1. Je sais parler espagnol.
2. Tu sais cuisiner ?
3. Oui, mais je ne sais pas faire les gâteaux.
4. Elle ne sait pas nager.
5. Vous savez compter en français ?
6. Ma maman sait conduire depuis trois ans.
7. Ces enfants de cinq ans savent déjà lire.
8. Nous ne savons pas jouer aux échecs.
9. Tu sais réparer ton vélo ?
10. Tu sais qui est le président de la France ?
11. Je sais ce que tu veux dire.
12. On sait qui part avec nous ?
13. On ne sait pas.
14. Je ne sais pas ce que vous voulez visiter.
15. Maman sait que tu sors ?
16. Mes parents savent que je vais au club de sport.
17. Vous savez pourquoi l'avion a du retard ?
18. Pardon Monsieur, vous savez où est l'Institut Français ?

Das Verb **savoir** (*können, wissen*) wird wie folgt konjugiert:

je	**sais**	**nous**	**savons**
tu	**sais**	**vous**	**savez**
il/elle/on	**sait**	**ils/elles**	**savent**

Wie zu erkennen ist, treten bei dieser Konjugation zwei Stämme auf: **sai-** und **sav-**. Das Verb **savoir** wird häufig mit einem anderen Verb im Infinitiv kombiniert:
Nous savons chanter. – *Wir können singen.*
Je ne sais pas danser. – *Ich kann nicht tanzen.*

Das Alter einer Person kann mithilfe der Präposition **de** angegeben werden, z. B. **un enfant de trois ans** – *ein Kind von drei Jahren*; **une fille de seize ans** – *ein sechzehnjähriges Mädchen.*

Nach dem Verb **savoir** in der Bedeutung *wissen* kann man einen indirekten Fragesatz mit Fragewörtern wie **qui** – *wer*, **pourquoi** – *warum*, **quand** – *wann*, **où** – *wo*, **d'où** – *woher*, **comment** – *wie* formulieren:
Tu sais comment ça s'appelle ? – *Weißt du, wie das heißt?*
Je sais qui vient ce soir chez nous. – *Ich weiß, wer heute Abend zu uns kommt.*
On ne sait pas quand ils/elles rentrent. – *Wir wissen nicht, wann sie zurückkommen.*
Wenn es um das Fragewort **que?** (*was?*) geht, ist eine Satzkonstruktion mit **ce que** erforderlich:
Je ne sais pas ce que tu penses. – *Ich weiß nicht, was du denkst.*

Auch **ce que** wird zu **ce qu'** verkürzt, wenn ein Vokal oder ein stummes **h** folgt:
Je sais ce qu'elle chante. – *Ich weiß, was sie singt.*

Eine häufig gebrauchte Konstruktion ist **savoir que** (*wissen, dass*): **Je sais que tu es malade.** – *Ich weiß, dass du krank bist.*

Der Ausdruck **être en retard** (*zu spät kommen*) bezieht sich nur auf Personen:
Ils sont tou(te)s là et Luc est en retard. – *Alle sind da, nur Luc kommt zu spät.*
Wenn es um die Verspätung eines Zuges, Flugzeugs usw. geht, dann benutzt man den Ausdruck **avoir du retard** (mit Teilungsartikel **du**):
Le train a du retard. – *Der Zug hat Verspätung.*

19. Weißt du, wie sie heißt?
....

20. Ich weiß nicht, wo sie wohnt.
....

21. Kennst du ihre Telefonnummer?
....

22. Ja, aber ich kenne ihre Adresse nicht.
....

23. Wisst ihr, dass Sylvie und Anne in die Bretagne fahren?
....

24. Sie kennen die Gegend ganz genau.
....

25. Kennen Sie Paris?
....

26. Kennst du ein gutes Restaurant?
....

27. Ich kenne das Stadtviertel nicht gut.
....

28. Wir kennen nicht viele Lieder.
....

29. Wer kennt den Text der Marseillaise auswendig?
....

30. Sie kennen viele lustige Geschichten.
....

31. Sie können unendlich viele Witze erzählen.
....

32. Sie kennen nicht viele Sprachen.
....

33. Sie kennt das Französische sehr gut.
....

34. Ich kenne einen guten Englischlehrer.
....

35. Willst du die Stadt kennenlernen?
....

36. Möchtest du wissen, um wie viel Uhr der Zug abfährt?
....

19. Tu sais comment elle s'appelle ?

20. Je ne sais pas où elle habite.

21. Tu connais son numéro de téléphone ?

22. Oui, mais je ne connais pas son adresse.

23. Vous savez que Sylvie et Anne vont en Bretagne ?

24. Ils/Elles connaissent parfaitement la région.

25. Vous connaissez Paris ?

26. Tu connais un bon restaurant ?

27. Je ne connais pas bien le quartier.

28. On ne connaît pas / Nous ne connaissons pas beaucoup de chansons.

29. Qui connaît par cœur les paroles de la Marseillaise ?

30. Ils/Elles connaissent beaucoup d'histoires amusantes.

31. Ils/Elles savent raconter des blagues sans fin.

32. Ils/Elles ne connaissent pas beaucoup de langues.

33. Elle connaît très bien le français.

34. Je connais un bon professeur d'anglais.

35. Tu veux connaître la ville ?

36. Tu veux savoir à quelle heure part le train ?

In indirekten Fragen bleibt nach dem Fragewort die Satzgliedfolge eines Aussagesatzes (Subjekt + Prädikat) erhalten.

Das Verb **connaître** (*kennen*) wird wie folgt konjugiert:

je	**connais**	**nous**	**connaissons**
tu	**connais**	**vous**	**connaissez**
il/elle/ on	**connaît**	**ils/ elles**	**connaissent**

Das Verb weist in der Konjugation zwei Stämme auf: **connai-** und **connaiss-**. In der 3. Pers. Sg. erhält es auf dem **i** einen **accent circonflexe** (^) wie auch im Infinitiv. Beispiele mit **connaître**:

Je connais le centre-ville. – *Ich kenne das Stadtzentrum.*

Je ne connais pas ce quartier-là. – *Ich kenne diesen Stadtteil nicht.*

Das Verb **connaître** kann man mit einem Adverb näher bestimmen:

On connaît bien ce manuel-là. – *Wir kennen dieses Lehrbuch gut.*

Il connaît parfaitement l'anglais. – *Er spricht* (wörtl. *kennt*) *perfekt Englisch.*

Der Ausdruck **par cœur** bedeutet *auswendig* (wörtl. *durch das Herz*):

Je connais par cœur un poème de Baudelaire. – *Ich kenne ein Gedicht von Baudelaire auswendig.*

Der Unterschied im Gebrauch zwischen **savoir** und **connaître** ist dem von *wissen* und *kennen* im Deutschen sehr ähnlich. Nach bzw. mit **connaître** steht – wie nach *kennen* – i. d. R. ein Substantiv oder ein Personalpronomen:

Je connais cette chanson. – *Ich kenne dieses Lied.*

Ils/Elles connaissent nos problèmes. – *Sie kennen unsere Probleme.*

Vocabulaire

....

....

1. Was machst du? ....
2. Ich mache das Zimmer sauber. Und du? ....
3. Jetzt mache ich Wäsche. ....
4. Yvonne spült das Geschirr. ....
5. Was machen die Kinder? ....
6. Pierrot fährt Fahrrad und Annette fährt mit dem Roller. ....
7. Papa geht im Supermarkt einkaufen. ....
8. Ich gehe auch einkaufen. ....
9. Ihr spielt nicht zufällig Tennis? ....
10. Doch, wir spielen Tennis und Volleyball. ....
11. Morgen gehen wir zusammen einkaufen. ....
12. Was machen sie am Sonntag? ....
13. Was macht dein Mann beruflich? ....
14. Er ist Koch. Er kocht. ....
15. Und was machst du beruflich? ....
16. Ich bin Informatiker, ich erstelle Websites. ....
17. Was machst du gerade? ....
18. Im Moment jogge ich. ....

1. Qu'est-ce que tu fais ?
2. Je nettoie la chambre. Et toi ?
3. Maintenant, je fais la lessive.
4. Yvonne fait la vaisselle.
5. Que font les enfants ?
6. Pierrot fait du vélo et Annette fait de la trottinette.
7. Papa fait les courses au supermarché.
8. Moi aussi, je vais faire des courses.
9. Vous ne faites pas de tennis par hasard ?
10. Si, nous faisons du tennis et du volley.
11. Demain, nous faisons des courses ensemble.
12. Qu'est-ce qu'ils/elles font dimanche ?
13. Que fait ton mari dans la vie ?
14. Il est cuisinier. Il fait la cuisine.
15. Et toi, tu fais quoi dans la vie ?
16. Je suis informaticien, je fais des sites Web.
17. Que fais-tu, toi, en ce moment ?
18. Maintenant, je fais du jogging.

Hier die Konjugationsformen des unregelmäßigen Verbs **faire** (*machen*):

je fais	*ich mache*
tu fais	*du machst*
il/elle/on fait	*er/sie/man macht*
nous faisons	*wir machen*
vous faites	*ihr macht / Sie machen*
ils/elles font	*sie machen*

Das Verb **faire** kommt z. B. auch häufig in Ausdrücken vor, die Hausarbeiten bezeichnen:
faire le ménage – *aufräumen*
faire la vaisselle – *Geschirr spülen*

Das Verb **aller** wird häufig mit dem Verb **faire** und auch anderen Verben im Infinitiv gebraucht:
Je vais faire des achats/courses. – *Ich gehe einkaufen.* / Wörtl.: *Ich gehe Einkäufe machen.*
Je vais faire du vélo. – *Ich gehe Fahrrad fahren.*
Je vais voir le film « Intouchables ». – *Ich sehe mir den Film „Ziemlich beste Freunde" an.*

Wenn von der Ausübung verschiedener Sportarten die Rede ist, werden das Verb **faire** und der Teilungsartikel gebraucht:
faire du football – *Fußball spielen*, **faire du volley-ball** – *Volleyball spielen*, **faire du ski** – *Ski fahren*, **faire de la gymnastique** – *Gymnastik machen, turnen*, **faire du vélo** – *Fahrrad fahren*.
Bei der Verneinung wird der Teilungsartikel durch die Präposition **de** ersetzt:
Je ne fais pas <u>de</u> gymnastique. – *Ich mache keine Gymnastik.*
Il ne fait pas <u>de</u> sport. – *Er treibt keinen Sport.*
Tu ne fais pas <u>de</u> vélo ? – *Fährst du nicht Fahrrad?*

Wenn man zu der Frage **Que fais-tu ?** (*Was machst du?*) die Adverbialbestimmung **dans la vie** (*im Leben*) hinzufügt, erkundigt man sich danach, was jemand beruflich macht.

Bei der Frage **Que... ?** (*Was ...?*) steht wie im Deutschen nach dem Fragewort das finite Verb:
Que fais-tu ? – *Was machst du?*
In der Umgangssprache kann man statt **que** auch das Fragewort **quoi** (*was*) verwenden:
Tu fais quoi, en ce moment ? – *Was machst du gerade?*

19. Wann putzt ihr? ....

20. Ich bügle nicht gern. ....

21. Eure Freunde machen Musik, oder? ....

22. Spielt er Klavier oder Geige? ....

23. Um abzunehmen, muss man Sport treiben und schwimmen gehen. ....

24. Wie ist das Wetter jetzt? ....

25. Es ist schön heute, die Sonne scheint. ....

26. Es ist heiß in diesem Raum, oder? ....

27. Es ist kalt draußen. ....

28. In dieser Region regnet es. ....

29. Bei uns regnet es auch, und es ist windig. ....

30. Mach keinen Lärm, Opa schläft. ....

31. Was machst du? Basteln/Heimwerken? ....

32. Seid bitte vorsichtig. Das Glas ist zerbrechlich. ....

33. Was machen sie dort? ....

34. Sie spielen Theater und tanzen. ....

35. Gehen wir spazieren? ....

36. Mit Vergnügen. Und danach machen wir Crêpes. ....

19. Quand est-ce que vous faites le ménage ?

20. Je n'aime pas faire du repassage.

21. Vos amis font de la musique, n'est-ce pas ?

22. Il fait du piano ou du violon ?

23. Pour maigrir, il faut faire du sport et de la natation.

24. Quel temps fait-il maintenant ?

25. Il fait beau aujourd'hui, le soleil brille.

26. Il fait chaud dans cette salle, n'est-ce pas ?

27. Il fait froid dehors.

28. Dans cette région, il pleut.

29. Chez nous aussi, il pleut et il fait du vent.

30. Ne faites pas de bruit, papy dort.

31. Tu fais quoi ? Tu fais du bricolage ?

32. Faites attention, s'il vous plaît. Le verre est fragile.

33. Qu'est-ce qu'ils/elles font là-bas ?

34. Ils/Elles font du théâtre et de la danse.

35. On va faire une promenade ?

36. Avec plaisir. Et après, nous faisons / on fait des crêpes.

Nach **quand** (*wann*) und anderen Fragewörtern ermöglicht es der Ausdruck **est-ce que**, die Wortstellung des Aussagesatzes zu erhalten.

Das Verb **faire** wird in Ausdrücken für diverse Beschäftigungen verwendet:
Il fait de la musique. – *Er macht Musik.*
Elle fait de la peinture. – *Sie malt.*
Nous faisons du théâtre. – *Wir spielen Theater.*

Ausdrücke mit **faire** dienen auch der Beschreibung des Wetters:
Quel temps fait-il ? – *Wie ist das Wetter?*
Il fait mauvais (temps). – *Es ist schlechtes Wetter.*
Il fait beau (temps). – *Es ist schönes Wetter. / Es ist schön.*
Il fait chaud. – *Es ist heiß.*
Il fait froid. – *Es ist kalt.*
Il fait (du) soleil. – *Die Sonne scheint. / Es ist sonnig.*
Il fait du vent. – *Es ist windig.*
Il fait du brouillard. – *Es ist neblig.*
Andere Ausdrücke für die Beschreibung des Wetters sind:
Il pleut. – *Es regnet.*
Il neige. – *Es schneit.*
Il gèle. – *Es friert.*

Zur Erinnerung: Nach der Verneinung steht in vielen Fällen die Präposition **de**.

Weitere gängige Ausdrücke mit dem Verb **faire**:
faire attention – *Acht geben, aufpassen*
faire une promenade – *spazieren gehen*
faire une balade – *schlendern, bummeln*
faire un tour (dans la rue) – *(die Straße entlang) schlendern*
faire des crêpes – *Crêpes backen*
faire des gâteaux – *Kuchen backen.*

Vocabulaire

....

....

1. Wie heißt du?

   ....

2. Wie heißen Sie(, mein Herr)?

   ....

3. Wo bist du?

   ....

4. Was machst du?

   ....

5. Wie geht es dir?

   ....

6. Wie geht es Ihnen?

   ....

7. Was machen Sie beruflich(, meine Dame)?

   ....

8. Wo wohnst du?

   ....

9. Wo wohnen Sie?

   ....

10. Woher kommen Sie(, mein Herr)? Aus Deutschland?

    ....

11. Wie alt bist du? Und wie alt ist er?

    ....

12. Wie alt sind Sie(, meine Dame)?

    ....

13. Wohin geht er?

    ....

14. Wie spät ist es?

    ....

15. Wie ist das Wetter?

    ....

16. Welche Augenfarbe hat er?

    ....

17. Um wie viel Uhr gehst du? Um ein Uhr?

    ....

18. Wann fahrt ihr los? Heute Abend?

    ....

1. Comment t'appelles-tu ?
2. Comment vous appelez-vous, Monsieur ?
3. Où es-tu ?
4. Que fais-tu ?
5. Comment vas-tu ?
6. Comment allez-vous ?
7. Que faites-vous dans la vie, Madame ?
8. Où habites-tu ?
9. Où habitez-vous ?
10. D'où venez-vous, Monsieur ? D'Allemagne ?
11. Quel âge as-tu ? Et lui, quel âge a-t-il ?
12. Quel âge avez-vous, Mademoiselle ?
13. Où va-t-il ?
14. Quelle heure est-il ?
15. Quel temps fait-il ?
16. De quelle couleur sont ses yeux ?
17. À quelle heure pars-tu ? À une heure ?
18. Quand partez-vous ? Ce soir ?

Diese **unité** ist den Fragesätzen gewidmet, insbesondere der Wortstellung und Intonation sowie der Liaison bei der Aussprache. Wenn ein Personalpronomen das Subjekt ist, wird es mit Bindestrich an die Verbform angefügt, z. B. **Où est-il ?** - *Wo ist er?* Für die 3. Pers. Sg. wird zwischen Verbform und Pronomen ein **-t-** gesetzt, um der Aussprache wegen das Aufeinandertreffen zweier Vokale zu verhindern. Diese Konstruktion findet Verwendung bei denjenigen Verben, die in der 3. Pers. nicht auf **-t** oder **-d** enden (wie **avoir**, **aller**, Verben auf -**er**):

De quoi parle-t-il ? - *Wovon spricht er?*
Où va-t-elle ? - *Wohin geht sie?*
Quel âge a-t-il ? - *Wie alt ist er?*
Que cherche-t-elle ? - *Was sucht sie?*

In folgenden Beispielen ist das **-t-** dementsprechend nicht notwendig:

Que fait-elle ? - *Was macht sie?*
Où part-il ? - *Wohin fährt er?*
D'où vient-elle ? - *Woher kommt sie?*

Eine Liste von Fragewörtern und Beispielen für ihren Gebrauch ist auf der nächsten Seite zu finden.

Fragesätze mit Inversion, d. h. mit der Verbform nach dem Fragewort, werden häufig, aber keineswegs ausschließlich im Schriftlichen und in gehobener Sprache verwendet. In der Umgangssprache sind häufig Fragen ohne Inversion anzutreffen. Beide werden im Folgenden besprochen.

19. Wie ist dein Name? ....

20. Wie ist Ihr Vorname? ....

21. Was möchtest du essen? ....

22. Wen möchtest du einladen? ....

23. Was machen die Kinder? ....

24. Wie ist er (denn so)? ....

25. Seit wann bist du in Paris? ....

26. Bis wann bleibst du in Deutschland? ....

27. Von wem sprichst du? ....

28. Worüber redet ihr? ....

29. Mit wem spricht Sylvie? ....

30. Wohin gehst du? Gehst du ins Stadion? ....

31. Wohin geht ihr? ....

32. An wen denkst du? An deinen Freund? ....

33. Wer ist es? ....

34. Wer ist da? ....

35. Wer spielt Gitarre? Paul? ....

36. Wer ist abwesend? ....

19. Quel est ton nom ?

20. Quel est votre prénom ?

21. Que veux-tu manger ?

22. Qui veux-tu inviter ?

23. Que font les enfants ?

24. Comment est-il ?

25. Depuis quand es-tu à Paris ?

26. Jusqu'à quand restes-tu en Allemagne ?

27. De qui parles-tu ?

28. De quoi parlez-vous ?

29. Avec qui parle Sylvie ?

30. Où vas-tu ? Tu vas au stade ?

31. Où allez-vous ?

32. À qui penses-tu ? À ton petit ami ?

33. Qui est-ce ?

34. Qui est là ?

35. Qui joue de la guitare ? Paul ?

36. Qui est absent(e) ?

Hier eine Liste von Konstruktionen mit Fragewörtern mit Bedeutungen und Gebrauchsbeispielen:

- **qui ?** (*wer? wen?*), z. B. **Qui fait du bruit ?** - *Wer macht Lärm?*
- **à qui ?** (*wem? zu wem? über wen?* usw.): **À qui pensez-vous ?** - *An wen denkt ihr?*
- **avec qui ?** (*mit wem?*): **Avec qui part-il ?** - *Mit wem fährt er weg?*; **Avec qui parle-t-il ?** - *Mit wem redet er?*
- **de qui ?** (*über wen? von wem?* usw.): **De qui parlez-vous ?** - *Über wen redet ihr?*
- **de quoi ?** (*worüber?* usw.) **De quoi rêves-tu ?** - *Wovon träumst du?*
- **que ?** (*was?*): **Que font-ils ?** - *Was machen sie?*
- **où ?** (*wo? wohin?*): **Où va-t-il ?** - *Wohin geht er?*
- **d'où ?** (*woher?*): **D'où vient-elle ?** - *Woher stammt sie?*
- **quand ?** (*wann?*): **Quand sort-elle ?** - *Wann geht sie weg?*
- **depuis quand ?** (*seit wann?*): **Depuis quand travaille-t-il ici ?** - *Seit wann arbeitet er hier?*
- **jusqu'à quand ?** (*bis wann?*): **Jusqu'à quand restes-tu en Allemagne ?** - *Bis wann bleibst du in Deutschland?*
- **jusqu'à quelle heure ?** (*bis wie viel Uhr? bis wann?*): **Jusqu'à quelle heure restes-tu au bureau ?** - *Bis wann bleibst du im Büro?*
- **quel ?** (*welcher? was für ein?*): **Quel pantalon achètes-tu ?** - *Was für eine Hose kaufst du?*
- **de quelle couleur ?** (wörtl.: *von welcher Farbe?*): **De quelle couleur est leur maison ?** - *Welche Farbe hat ihr Haus?*
- **de quelle façon ?** (*wie? auf welche Weise?*): **De quelle façon réparez-vous vos vélos ?** - *Wie repariert ihr eure Fahrräder?*
- **à quelle heure ?** (*wann? um wie viel Uhr?*): **À quelle heure va-t-elle chez le coiffeur ?** - *Um wie viel Uhr geht sie zum Friseur?*
- **comment ?** (*wie?*): **Comment va-t-il ?** - *Wie geht es ihm?*; **Comment est Max ?** - *Was ist Max für ein Mensch? / Wie ist Max?*
- **pourquoi ?** (*warum?*): **Pourquoi part-il ?** - *Warum fährt er weg?*

Mit dem Fragewort **qui ?** (*wer?*) wird das Subjekt eines Satzes erfragt. Steht dieses Fragewort am Satzanfang, folgt das finite Verb. Fragen dieser Art werden auch mit **Qui est-ce qui... ?** - *Wer ...?* gebildet.

1. Wie heißt du?	....
2. Was machst du?	....
3. Was machst du heute Nachmittag?	....
4. Was macht ihr am Wochenende?	....
5. Was kaufen sie auf dem Markt?	....
6. Wohin geht ihr abends?	....
7. Wohin geht ihr morgen?	....
8. Wann kommt ihr wieder zurück?	....
9. Wann kommt ihr wieder nach Hause?	....
10. Seit wann sind die Duponts in Deutschland?	....
11. Wo wohnen sie in Frankreich?	....
12. In welcher Region wohnen Sie?	....
13. Wo wohnen eure Freunde in Deutschland?	....
14. Welches Auto kaufen sie?	....
15. Welches Auto kaufst du?	....
16. Um wie viel Uhr kommt sie am Bahnhof an?	....
17. Um wie viel Uhr kommt sie am Bahnhof an?	....
18. Seit wann sind sie verheiratet?	....

1. Comment tu t'appelles ?
2. Qu'est-ce que tu fais ?
3. Tu fais quoi, cet après-midi ?
4. Qu'est-ce que vous faites le week-end ?
5. Qu'est-ce qu'ils/elles achètent au marché ?
6. Où est-ce que vous allez, le soir ?
7. Vous allez où demain ?
8. Quand est-ce que vous revenez ?
9. Vous revenez quand à la maison ?
10. Depuis quand est-ce que les Dupont sont en Allemagne ?
11. Où est-ce qu'ils/elles habitent en France ?
12. Vous habitez dans quelle région ?
13. Vos amis habitent où en Allemagne ?
14. Quelle voiture est-ce qu'ils/elles achètent ?
15. Toi, tu achètes quelle voiture ?
16. À quelle heure est-ce qu'elle arrive à la gare ?
17. Elle arrive à la gare à quelle heure ?
18. Depuis quand est-ce qu'ils/elles sont mariés ?

In dieser **unité** wird das Thema „Fragesätze im Französischen" zusammengefasst. Dabei werden folgende drei Sprachstile zugrunde gelegt:

- **la langue soutenue** – die gehobene Sprache, die vor allem im Schriftlichen verwendet wird
- **la langue courante** – die im Alltag verwendete Standardsprache
- **la langue familière** – die Umgangssprache.

Entsprechend dieser Sprachstile gestaltet sich die Struktur der Fragen wie folgt:

In der gehobenen Sprache werden die Fragen häufig mithilfe der Inversion gebildet: **Fréquentez-vous le lycée ?** – *Geht ihr aufs Gymnasium?*

In der Standardsprache wird oft der Ausdruck **Est-ce que… ?** verwendet: **Est-ce que tu apprends l'allemand à l'école ?** – *Lernst du in der Schule Deutsch?*

Wenn die Frage mit einem Fragewort wie **où, comment, qui, que, pourquoi, quand** usw. beginnt, steht nach diesem der Ausdruck **est-ce que**, wodurch die Struktur des Aussagesatzes erhalten bleibt: **Où est-ce que tu vas ?** – *Wohin gehst du?*

In der Umgangssprache werden Fragen meist als Aussagesätze mit Frageintonation gestellt: **Tu viens?**

Bei Fragen mit Fragewörtern können letztere entweder am Anfang oder am Ende des Satzes, aber auch nach dem Verb stehen: **Comment tu t'appelles ? / Tu t'appelles comment ?** – *Wie heißt du?*
Qui tu invites ? / Tu invites qui ? – *Wen lädst du ein?*

Die Frage kann auch ohne **est-ce que** konstruiert werden: **Les Dupont sont en Pologne depuis quand ?**

In der Umgangssprache klingt die Frage entweder so: **Ils/Elles habitent où en France ?** oder so: **Où ils/elles habitent en France ?**

Ohne **est-ce que**: **Ils/Elles achètent quelle voiture ?**

19. Seit wann sind sie verheiratet? ....

20. Bis wie viel Uhr bleiben die Kinder in der Schule? ....

21. Bleiben wir bis zehn Uhr im Büro? ....

22. Wer singt? ....

23. Wer geht eine Pizza holen? ....

24. Warum ist Jean zu Hause? ....

25. Warum ist Michèle nicht da? ....

26. Wen laden wir ein? ....

27. Wen kennen Sie? ....

28. Warum sagst du nichts? ....

29. Wie geht es dir? ....

30. Wie machst du deinen Fruchtcocktail? ....

31. Wo arbeitet er jetzt? ....

32. Woher kommen Sie? ....

33. Wer ist Polanski? ....

34. Wie lange sind Sie schon hier? ....

35. Bist du schon lange hier? ....

36. Wer kauft die Karten? ....

19. Ils/Elles sont mariés depuis quand ?

20. Jusqu'à quelle heure les enfants restent à l'école ?

21. Nous restons au bureau jusqu'à dix heures ?

22. Qui est-ce qui chante ?

Die Frage **qui ?** – *wer?* hat in der Alltagssprache meist die Form **Qui est-ce qui...** ? – *Wer ...?* Die Frage nach Subjekt und Objekt bzw. Verbergänzung im Vergleich:
Qui est-ce qui... ? – *Wer ...?* (Frage nach dem Subjekt)
Qui est-ce que... ? – *Wen ...?* (Frage nach dem Objekt bzw. der Verbergänzung):
Qui est-ce qui connaît la réponse ? – *Wer weiß die Antwort?*
Qui est-ce que tu connais ? – *Wen kennst du?*

23. Qui est-ce qui va chercher une pizza ?

Das Verb **aller** in der Verbindung mit **chercher** bedeutet *etw./jdn. (ab)holen*:
Il va chercher sa fille à l'école. – *Er holt seine Tochter von der Schule ab.*
Je vais chercher du lait. – *Ich hole Milch.*
Nous allons chercher Monique à la piscine. – *Wir holen Monique vom Schwimmbad ab.*

24. Pourquoi est-ce que Jean est à la maison ?

25. Pourquoi est-ce que Michèle est absente ?

26. Qui est-ce que nous invitons ?

27. Qui est-ce que vous connaissez ?

Man kann auch sagen:
Nous invitons qui ?
Vous connaissez qui ?

28. Pourquoi tu ne dis rien ?

Mit **est-ce que** würde die Frage folgendermaßen lauten:
Pourquoi est-ce que tu ne dis rien ? – *Warum sagst du nichts?*

29. Comment ça va ?

Eine noch kürzere Variante der Frage ist:
Ça va ? – *Wie geht's?*

30. Comment tu prépares ton cocktail de fruits ?

31. Où est-ce qu'il travaille maintenant ?

Man kann auch fragen:
Il travaille où maintenant ?

32. D'où est-ce que vous êtes ?

Eine Variante der Frage ist:
Vous êtes d'où ?

33. C'est qui, Polanski ?

34. Depuis combien de temps est-ce que vous êtes ici ?

Das Wort **longtemps** bedeutet *lange*, der Ausdruck **depuis longtemps** – *seit Langem, schon lange*, **combien de temps** – *wie lange* und **depuis combien de temps** – *seit wann*:
Elle est mariée depuis longtemps ? – *Ist sie schon lange verheiratet?*
Depuis cinq ans. – *Seit fünf Jahren.*
Combien de temps tu passes au bureau ? – *Wie lange bist du im Büro?*
Huit heures par jour. – *Acht Stunden täglich.*

35. Tu es ici depuis longtemps ?

36. Qui est-ce qui achète les billets ?

1. Ich nehme die Schlüssel. ....
2. Nimmst du Englischunterricht? ....
3. Sie nimmt die Dokumente / Papiere mit. ....
4. Wir nehmen im Juni Urlaub. ....
5. Nehmen Sie Ihr Handy (mit)? ....
6. Was isst du zum Frühstück? ....
7. Ich esse Brot mit Marmelade. ....
8. Wir sind auf dem Markt. Was nehmen wir? ....
9. Wir nehmen ein Kilo Kirschen und zwei Melonen. ....
10. Mit wem gehst du heute Nachmittag Kaffee trinken? ....
11. Nehmt ihr keinen Nachtisch? ....
12. Und was nehmen die Kinder? ....
13. Die Kinder nehmen Vanilleeis. ....
14. Wir fliegen vom Frankfurter Flughafen ab. ....
15. Fahrt ihr oft mit dem Zug? ....
16. Es ist weit, ich muss ein Taxi nehmen. ....
17. Fährst du mit der U-Bahn zur Arbeit? ....
18. Um zur Schule zu fahren, nehmen wir den Bus. ....

1. Je prends les clés.
2. Tu prends des cours d'anglais ?
3. Elle prend les documents / les papiers avec elle.
4. Nous prenons nos congés en juin.
5. Vous prenez votre portable ?
6. Qu'est-ce que tu prends au petit déjeuner ?
7. Je prends du pain avec de la confiture.
8. On est au marché. Qu'est-ce qu'on prend ?
9. Nous prenons un kilo de cerises et deux melons.
10. Avec qui est-ce que tu prends un café cet après-midi ?
11. Vous ne prenez pas de dessert ?
12. Et les enfants prennent quoi ?
13. Les enfants prennent de la glace à la vanille.
14. Nous prenons l'avion à l'aéroport de Francfort.
15. Est-ce que vous prenez souvent le train ?
16. C'est loin, je dois prendre un taxi.
17. Tu prends le métro pour aller au travail ?
18. Pour aller à l'école, nous prenons l'autobus.

In dieser **unité** werden die Formen und die Verwendung des Verbs **prendre** (*nehmen*) sowie seiner verbalen Ableitungen vorgestellt: **comprendre** – *verstehen*, **apprendre** – *lernen*. Die Konjugationsformen von **prendre** sind:

je	**prends**	**nous**	**prenons**
tu	**prends**	**vous**	**prenez**
il/elle/on	**prend**	**ils/ elles**	**prennent**

Dieses Verb weist drei Stämme in der Konjugation auf: **prend-**, **pren-** und **prenn-**. In der 3. Pers. Sg. (**il/elle prend**) wird kein **-t** angehängt, weil der Stamm bereits auf **-d** endet.

Das Verb **prendre** wird u. a. gebraucht, wenn die Rede vom Essen oder Trinken ist. Es bedeutet dann zum einen sowohl *essen* als auch *trinken*, bei Restaurantbestellungen *nehmen* (wenn man etwas zum Essen oder Trinken auswählt), und beim Einkaufen bedeutet es *kaufen*. Im Zusammenhang mit dem Verb **prendre** findet man häufig den Teilungsartikel (**du, de la, de l'** bzw. **des**).

In der Umgangssprache wird sehr häufig statt des Pronomens der 1. Pers. Pl. **nous** das unbestimmte Pronomen **on** verwendet.

Bei der Verneinung wird auch hier statt des unbestimmten oder Teilungsartikels (**unité** 17) die Präposition **de** verwendet.

Zur Erinnerung: Das Fragewort *was?* wird am Satzanfang mit **que?** bzw. am Satzende mit **quoi?** (**langue familière**) übersetzt:
Que fais-tu ? / Tu fais quoi ? – *Was machst du?*
Ils/Elles prennent quoi ? – *Was essen/trinken/nehmen sie?*

Im Folgenden einige Ausdrücke mit dem Verb **prendre**:
prendre l'autoroute – *auf der Autobahn fahren*
prendre la nationale – *auf der Nationalstraße* (= Bundesstraße) *fahren*
prendre la rue... – *auf der ... Straße gehen/fahren*
prendre le train / le bus – *mit dem Zug/Bus fahren*
prendre l'avion – *mit dem Flugzeug fliegen.*

19. Wann nehmt ihr Französischunterricht? ....

20. Pierre nimmt am Donnerstag Englischunterricht. ....

21. Er ist Fotograf, aber er macht keine Hochzeitsfotos. ....

22. Ich verstehe nicht, was Sie sagen(, meine Dame). ....

23. Er versteht sehr gut Englisch. ....

24. Verstehst du, was sie sagt? ....

25. Nein, ich verstehe es überhaupt nicht. ....

26. Verstehen Sie, was ich sage? ....

27. Lernst du in der Schule Sprachen? ....

28. Ja, ich lerne zwei Sprachen, Französisch und Deutsch. ....

29. Sie lernen Salsa. ....

30. Was machst du? Lernst du Tanzen? ....

31. Sie lernt auf Französisch zu lesen. ....

32. Sieh an, Pierrot lernt Fahrrad fahren. ....

33. Der Vater bringt seinem Sohn das Schwimmen bei. ....

34. Mathieu bringt Annette das Schlittschuhlaufen bei. ....

35. Ich bringe meiner Tochter das Klavierspielen bei. ....

36. Dieser Lehrer bringt unseren Kindern das Skifahren bei. ....

19. Quand est-ce que vous prenez les cours de français ?

20. Jeudi, Pierre prend son cours d'anglais.

Das Verb **prendre** wird auch in folgenden Ausdrücken gebraucht:
prendre des cours de – *Stunden/Unterricht nehmen in*
prendre des photos – *Fotos machen*

21. Il est photographe, mais il ne prend pas de photos de mariage.

22. Je ne comprends pas ce que vous dites, Madame.

23. Lui, il comprend très bien l'anglais.

Das Verb **comprendre** (*verstehen*) wird wie **prendre** konjugiert:

je	**comprends**	**nous**	**comprenons**
tu	**comprends**	**vous**	**comprenez**
il/elle/on	**comprend**	**ils/elles**	**comprennent**

24. Est-ce que tu comprends ce qu'elle dit ?

25. Non, je ne comprends pas du tout.

26. Vous comprenez ce que je dis, moi ?

Die Verneinung **ne... pas** kann man durch den Ausdruck **du tout** (*ganz, überhaupt*) ergänzen:
Je ne sais pas du tout quoi faire. – *Ich weiß absolut nicht, was ich machen soll.*
Pas du tout kann man auch allein als Antwort auf eine Frage geben:
Tu sais nager ? Non, pas du tout. – *Kannst du schwimmen? Nein, gar nicht.*

27. Tu apprends les langues à l'école ?

28. Oui, j'apprends deux langues, le français et l'allemand.

29. Ils/Elles apprennent la salsa.

30. Qu'est-ce que tu fais ? Tu apprends à danser ?

Das Verb **apprendre** (*lernen*) wird ebenfalls wie **prendre** konjugiert. Es hat die Bedeutung *lernen, trainieren*:
J'apprends la samba. – *Ich lerne Samba.*
Eine ganz ähnliche Bedeutung hat das Verb **étudier**, das man verwendet, wenn man für eine Prüfung *lernt, wiederholt, übt*:
En ce moment, j'étudie les maths. Demain, j'ai un examen. – *Ich übe jetzt Mathe. Morgen habe ich eine Prüfung.*

31. Elle apprend à lire en français.

32. Tiens, Pierrot apprend à monter à vélo.

33. Le père apprend à son fils à nager.

Wenn es um das Erlernen einer Tätigkeit geht, dann wird die Präposition **à** hinzugefügt:
J'apprends <u>à</u> cuisiner. – *Ich lerne kochen.*
On apprend <u>à</u> danser. – *Wir lernen tanzen.*

34. Mathieu apprend à Annette à patiner.

35. J'apprends à ma fille à jouer du piano.

36. Ce moniteur apprend à nos enfants à skier.

Das Verb **apprendre** in Verbindung mit **à** wurde bis hierher in der Bedeutung *lernen* verwendet. Es findet aber auch Anwendung, um auszudrücken, dass man *jemanden etwas lehrt*. Dann steht nach der Präposition i. d. R. eine Personenbezeichnung:
Pierre apprend <u>à</u> Paul à dessiner. – *Pierre bringt Paul das Zeichnen bei.*

1. Ich lege ein Tischtuch auf den Tisch. ....
2. Sie zieht eine Mütze an. Es ist kalt. ....
3. Ziehst du einen Helm an, wenn du Fahrrad fährst? ....
4. Was ziehst du bei der Hochzeit deiner Tochter an? ....
5. Ich ziehe ein blaues Kleid an. ....
6. Im Sommer setzt er eine Sonnenbrille auf. ....
7. Diese Dame zieht im Winter und im Sommer einen Hut an. ....
8. Wir stellen die Teller auf den Tisch. ....
9. Die Kinder legen das Besteck hin. ....
10. Soll ich die Blumen in eine Vase stellen? ....
11. Stell die Vase auf den Tisch. ....
12. Mach bitte den Fernseher an. ....
13. Kannst du bitte die Heizung anmachen? Es ist kalt. ....
14. Stell die Milch und den Käse in den Kühlschrank. ....
15. Ich stelle meine Uhr auf Winterzeit. ....
16. Soll ich Milch in deine Tasse geben? ....
17. Sie gibt eine Prise Salz in den Teig. ....
18. Kannst du das Radio anstellen? ....

1. Je mets une nappe sur la table.
2. Elle met un bonnet. Il fait froid.
3. Tu mets un casque quand tu fais du vélo ?
4. Qu'est-ce que tu mets pour le mariage de ta fille ?
5. Je mets une robe bleue.
6. En été, il met des lunettes noires.
7. Cette dame met un chapeau en hiver et en été.
8. Nous mettons les assiettes sur la table.
9. Les enfants mettent les couverts.
10. Je mets les fleurs dans un vase ?
11. Mets le vase sur la table.
12. Mets la télé, s'il te plaît.
13. Tu peux mettre le chauffage, s'il te plaît ? Il fait froid.
14. Mets le lait et le fromage dans le frigo.
15. Je mets ma montre à l'heure d'hiver.
16. Je mets du lait dans ta tasse ?
17. Elle met une pincée de sel dans la pâte.
18. Tu peux mettre la radio ?

In dieser **unité** wird die Konjugation von **mettre** (*hinlegen, -setzen, -stellen*) und seine verbalen Ableitungen **permettre** – *erlauben* und **promettre** – *versprechen* vorgestellt. Das Verb **mettre** wird folgendermaßen konjugiert:

je	**mets**
tu	**mets**
il/elle/on	**met**
nous	**mettons**
vous	**mettez**
ils/elles	**mettent**

Die Konjugation verfügt über zwei Stämme: **met-** und **mett-**. Das Verb hat eine Vielzahl weiterer Bedeutungen wie: *gießen, schütten, anziehen, aufsetzen* usw., die man jeweils aus dem Kontext erschließen muss.

Eine weitere Bedeutung von **mettre** ist *einschalten, anstellen*:
Mets la radio. – *Schalte das Radio ein.*
Ne mets pas la télé. – *Mach den Fernseher nicht an.*

Das Wort **l'heure** (*Stunde*) bedeutet auch *Zeit*: **l'heure d'hiver** – *Winterzeit*, **l'heure du déjeuner** – *Mittagszeit*, vgl. auch: **être à l'heure** – *pünktlich sein.*

Die Frage im Präsens fungiert hier, wie im Deutschen auch, als Vorschlag.
Beim Wörtchen **ta** handelt es sich um ein Possessivpronomen: **dans ta tasse** – *in deine Tasse.*

Der Ausdruck **une pincée** bezeichnet eine winzige Menge (*eine Prise*). Auf diese Mengenangabe folgt die Präposition **de**.

19. Warum werden sie wütend?	....
20. Morgen machen sie sich auf den Weg.	....
21. Was ziehst du an? Ein Kleid oder eine Hose?	....
22. Ich denke, du solltest ein gelbes Kleid anziehen.	....
23. Im Winter trage ich immer Handschuhe.	....
24. Mach nicht den Fernseher an.	....
25. Sie legen ihre Koffer/Taschen in den Kofferraum.	....
26. Erlaubst du, dass hier geraucht wird?	....
27. (Mein) Papa erlaubt mir, sein Auto zu nehmen.	....
28. (Meine) Mama erlaubt mir nicht, Süßigkeiten zu essen.	....
29. Wir lassen unsere Kinder in Urlaub fahren.	....
30. Er erlaubt seinem Sohn, Motorrad zu fahren.	....
31. Ich erlaube meinem Bruder, mein Fahrrad zu nehmen.	....
32. Ich verspreche, pünktlich zu sein.	....
33. Versprichst du, dass du Sport machen wirst?	....
34. Sie versprechen, dass sie die Einkäufe machen.	....
35. Antoine verspricht, dass er dein Buch lesen wird.	....
36. Versprechen Sie, dass Sie nächste Woche kommen?	....

19. Pourquoi (est-ce qu') ils/elles se mettent en colère ?

20. Demain, ils/elles se mettent en route.

21. Qu'est-ce que tu mets ? Une robe ou un pantalon ?

22. Je pense que tu dois mettre une robe jaune.

23. En hiver, je mets toujours des gants.

24. Ne mets pas la télé.

25. Ils/elles mettent leurs valises/sacs dans le coffre.

26. Tu permets de fumer ici ?

27. (Mon) Papa me permet de prendre sa voiture.

28. (Ma) Maman ne me permet pas de manger de sucreries.

29. Nous permettons à nos enfants de partir en vacances.

30. Il permet à son fils de faire de la moto.

31. Je permets à mon frère de prendre mon vélo.

32. Je promets d'être à l'heure.

33. Tu promets de faire du sport ?

34. Ils/elles promettent de faire les achats.

35. Antoine promet de lire ton livre.

36. Vous promettez de venir la semaine prochaine ?

Das Verb **mettre** hat eine reflexive Variante, mit der man u. a. folgende Ausdrücke bildet:
se mettre en route – *sich auf den Weg machen*
se mettre en colère – *wütend werden.*
Zu den reflexiven Verben siehe unité 31.

Wenn man im Plural über Personen spricht, die etwas besitzen, dann werden die Possessivpronomen **leur** oder **leurs** verwendet – je nachdem, ob es um eine Sache oder mehrere Dinge geht.

Das Verb **permettre** (*erlauben*) wird wie folgt konjugiert:

je	**permets**	**nous**	**permettons**
tu	**permets**	**vous**	**permettez**
il/elle/on	**permet**	**ils/elles**	**permettent**

Das Verb wird mit der Präposition **de** und einem Infinitiv gebraucht:
Papa <u>permet de mettre</u> la télé. – *Papa erlaubt, dass der Fernseher angestellt wird.*

Wenn man hinzufügen möchte, wem etwas erlaubt wird, muss man die entsprechende Personenbezeichnung mit der Präposition **à** anschließen:
Je permets <u>à</u> Margot de prendre mes chaussures. – *Ich erlaube Margot, meine Schuhe zu nehmen.*
Beim Gebrauch eines Personalpronomens (z. B. **me**) wird dieses ohne die Präposition **à** vor das Verb gesetzt:
Elle <u>me</u> permet de prendre ses chaussures. – *Sie erlaubt mir, ihre Schuhe zu nehmen.*

Das Verb **promettre** (*versprechen*) wird nach demselben Schema konjugiert:

je	**promets**	**nous**	**promettons**
tu	**promets**	**vous**	**promettez**
il/elle/on	**promet**	**ils/elles**	**promettent**

Nach dem Verb wird ein Infinitiv mit der Präposition **de** angeschlossen:
Je promets <u>d'</u>acheter des petits pains. – *Ich verspreche, dass ich Brötchen kaufe.*
Je promets <u>de</u> venir l'après-midi. – *Ich verspreche, dass ich am Nachmittag komme.*

1. Siehst du? ....
2. Ja, ich verstehe. ....
3. Was seht ihr dort? ....
4. Wir sehen einen Wald. ....
5. Sieht sie gut mit ihrer Brille? ....
6. Sie sieht sich die Zugfahrpläne an. ....
7. Sehen sie die Abfahrtszeiten? ....
8. Ich sehe, dass er traurig ist. ....
9. Du siehst, es ist einfach. ....
10. Denkst du, er sieht den Unterschied? ....
11. Nein, ich glaube nicht. ....
12. Wen sehen Sie? ....
13. Wir sehen Radfahrer. ....
14. Und du, wen siehst du? ....
15. Ich sehe eine Gruppe von Sportlern. ....
16. Glaubst du, es sind Franzosen? ....
17. Ich glaube, es sind Deutsche und Franzosen. ....
18. Glaubst du, das ist wahr? ....

1. Tu vois bien ?
2. Oui, je vois bien.
3. Qu'est-ce que vous voyez là-bas ?
4. Nous voyons / On voit un bois / une forêt.
5. Elle voit bien avec ses lunettes ?
6. Elle regarde les horaires des trains.
7. Ils/Elles voient bien les heures de départ ?
8. Je vois qu'il est triste.
9. Tu vois, c'est facile.
10. Tu penses qu'il voit la différence ?
11. Non, je ne crois pas.
12. Qui est-ce que vous voyez ?
13. Nous voyons des cyclistes.
14. Et toi, tu vois qui ?
15. Je vois un groupe de sportifs.
16. Tu crois que ce sont des Français ?
17. Je crois que ce sont des Allemands et des Français.
18. Tu crois que c'est vrai ?

Im Folgenden werden weitere, häufig gebrauchte unregelmäßige Verben vorgestellt:

voir (*sehen*)

je	**vois**	**nous**	**voyons**
tu	**vois**	**vous**	**voyez**
il/elle/on	**voit**	**ils/elles**	**voient**

croire (*glauben*)

je	**crois**	**nous**	**croyons**
tu	**crois**	**vous**	**croyez**
il/elle/on	**croit**	**ils/elles**	**croient**

Beide Verben haben jeweils zwei Stämme: **voir: voi-, voy-; croire: croi-, croy-**.

Das Verb **regarder** steht ohne Präposition.

Das Adverb **bien** (*gut*) steht generell nach dem Verb.

Im Französischen gibt es viele Ausdrücke des Typs **c'est facile**. Hier einige von ihnen:
C'est difficile. – *Das ist schwierig.*
C'est possible. – *Das ist möglich.*
C'est incroyable. – *Das ist unglaublich.*
C'est vrai. – *Das ist wahr.*
In der verneinten Form sagt man zum Beispiel:
Ce n'est pas difficile. – *Das ist nicht schwierig.*
Ce n'est pas vrai. – *Das ist nicht wahr.*

Zur Erinnerung: Nach dem Fragewort **qui?** (*wer?*) wird – wie nach anderen Fragewörtern auch – die Form **est-ce que** gebraucht, um die Wortstellung eines Aussagesatzes zu erhalten.

In dieser umgangssprachlichen Variante steht **qui** nach dem Verb, in anderen Varianten steht es davor:
Et toi, qui vois-tu ? / Et toi, qui est-ce que tu vois ?

Im Französischen ist das Substantiv **un groupe** (*Gruppe*) maskulin. Weil es hier eine Menge bzw. eine Gruppe bezeichnet, steht es mit der Präposition **de** (**d'**).

19. Ich glaube, es ist alles in Ordnung. ....

20. Sie glauben, dass ich mit euch gehe. ....

21. Wir glauben, dass das nicht wahr ist. ....

22. Glauben Sie, dass ich bleibe? ....

23. Was sagst du? ....

24. Ich sage hallo. ....

25. Er sagt, es ist schönes Wetter. ....

26. Was sagen Sie(, meine Dame)? ....

27. Ich sage, dass das Flugzeug Verspätung hat. ....

28. Sagen sie die Wahrheit? ....

29. Sie reden dumm daher. ....

30. Sie sagen, dass es nicht möglich ist? ....

31. Was trinkst du? Wasser oder Wein? ....

32. Ich trinke stilles Wasser. ....

33. Trinken Sie Kaffee(, meine Dame)? ....

34. Wir trinken oft Bier. ....

35. Sie trinken keinen Alkohol. ....

36. Wir trinken keinen Tee. ....

19. Je crois que tout va bien.

20. Ils/Elles croient que je vais avec vous.

21. Nous croyons que ce n'est pas vrai.

22. Vous croyez que je reste ?

23. Qu'est-ce que tu dis ?

24. Je dis bonjour.

25. Il dit qu'il fait beau.

26. Qu'est-ce que vous dites, Madame ?

27. Je dis que l'avion a du retard.

28. Est-ce qu'ils/elles disent la vérité ?

29. Ils/Elles disent n'importe quoi.

30. Vous dites que ce n'est pas possible ?

31. Qu'est-ce que tu bois ? De l'eau ou du vin ?

32. Je bois de l'eau plate.

33. Vous buvez du café, Madame ?

34. Souvent, nous buvons de la bière.

35. Ils/Elles ne boivent pas d'alcool.

36. Nous ne buvons pas de thé.

Das Verb **croire** wird häufiger in der Bedeutung *glauben / denken, dass ...* (**croire que**) verwendet und eher seltener in der Bedeutung *an etwas glauben* (**croire en qc**).

Das Verb **dire** (*sagen*) wird wie folgt konjugiert:

je	**dis**
tu	**dis**
il/elle/on	**dit**
nous	**disons**
vous	**dites**
ils/elles	**disent**

Es gibt zwei Stämme: **di-** und **dis-** sowie eine unregelmäßige Form: **vous dites** – *ihr sprecht / Sie sprechen.*

Das Verb **dire** wird entweder mit einem Substantiv gebraucht – *etwas sagen* oder mit der Konjunktion **que** – *sagen, dass ...* :
Il dit la vérité. – *Er sagt die Wahrheit.*
Il dit que Catherine est là. – *Er sagt, dass Catherine da ist.*

Der Ausdruck **n'importe quoi** bedeutet *irgendwas, sonst was.* Analog dazu gibt es **n'importe qui**: *irgendwer, sonst wer.*

Das Verb **boire** (*trinken*) wird wie folgt konjugiert:

je	**bois**
tu	**bois**
il/elle/on	**boit**
nous	**buvons**
vous	**buvez**
ils/elles	**boivent**

Das Verb weist drei Stämme auf: **boi-, buv-, boiv-**.
Substantive, die auf **boire** folgen, stehen sehr häufig mit dem Teilungsartikel (**du, de la, de l', des**) und in verneinter Form mit der Präposition **de** (**d'**):
Je bois du café. – *Ich trinke Kaffee.*
Elle ne boit pas d'eau, elle boit du vin. – *Sie trinkt kein Wasser, sie trinkt Wein.*

Vocabulaire

....

1. Das ist Monsieur Legros. Ich kenne ihn.	....
2. Und seine Frau, kennst du sie auch?	....
3. Und ihre Kinder, kennst du sie?	....
4. Ich kenne sie.	....
5. Verstehst du es?	....
6. Siehst du diesen Mann? Siehst du ihn?	....
7. Ja, ich sehe ihn von Weitem.	....
8. Mama sieht sich die Familienfotos an. Sie sieht sie sich oft an.	....
9. Du magst französische Lieder. Hörst du sie oft?	....
10. Wir hassen Boxen, aber unser Sohn liebt es.	....
11. Ich liebe meine Kinder. Ich liebe sie sehr.	....
12. Ich mache deinen Lieblingssalat. Ich mache ihn mit Joghurt.	....
13. Wir laden unsere Freunde ein. Wir laden sie zum Abendessen ein.	....
14. Nimmt sie die siebzehn? Nimmt sie sie immer?	....
15. Er lernt Französisch? Lernt er es schon lange?	....
16. Ich höre klassische Musik. Hörst du sie auch?	....
17. Ich kenne sie nicht.	....
18. Das ist meine EC-Karte. Ich lege sie auf den Tisch.	....

1. C'est Monsieur Legros. Je le connais.
2. Et sa femme, tu la connais aussi ?
3. Et leurs enfants, tu les connais ?
4. Je les connais.
5. Tu le comprends ?
6. Tu vois cet homme ? Tu le vois ?
7. Oui, je le regarde de loin.
8. Maman regarde les photos de famille. Elle les regarde souvent.
9. Tu aimes bien les chansons françaises. Tu les écoutes souvent ?
10. Nous détestons la boxe, mais notre fils l'adore.
11. J'aime mes enfants. Je les aime beaucoup.
12. Je prépare ta salade préférée. Je la prépare avec du yaourt.
13. Nous invitons nos amis. Nous les invitons à dîner.
14. Elle prend le dix-sept ? Elle le prend tous les jours ?
15. Il apprend le français ? Il l'apprend depuis longtemps ?
16. Moi, j'écoute la musique classique. Tu l'écoutes aussi ?
17. Moi, je ne la connais pas.
18. Voilà ma carte bancaire. Je la mets sur la table.

Die hier genannten Personalpronomen fungieren - in Abhängigkeit vom Verb - als direkte Objekte:
le (m. Sg.) - *ihn*; **la** (f. Sg.) - *sie*
l' (m., f. Sg. vor Vokal oder stummem **h**) - *ihn, sie*
les (m., f. Pl.) - *sie*.
Der Form nach sind sie identisch mit den bestimmten Artikeln. Der Unterschied ist jedoch an der Wortfolge im Satz zu erkennen: Stehen **le, la, l', les** vor einem Substantiv, sind es i. d. R. Artikel; stehen **le, la, l', les** dagegen vor einem Verb, handelt es sich generell um Pronomen mit Objektfunktion.
Hier einige Beispiele:
Tu vois mon vélo ? Oui, je le vois. - *Siehst du mein Fahrrad? Ja, ich sehe es.*
Tu mets ta chemise blanche ? Oui, je la mets. - *Ziehst du deine weiße Bluse an? Ja, ich ziehe sie an.*
J'attends maman. Je l'attends depuis dix minutes. - *Ich warte auf Mama. Ich warte seit zehn Minuten auf sie.*
Il prend ses vêtements et il les met dans la valise. - *Er nimmt seine Sachen und packt sie in den Koffer.*
Das Objekt kann zur Betonung an den Satzanfang gesetzt werden:
La musique, je l'adore. - *Musik mag ich sehr.*
Auch in Verneinungssätzen stehen die Pronomen **le, la, l', les** i. d. R. vor dem Prädikat:
Je ne les vois pas. - *Ich sehe sie nicht.*

Statt **l'autobus numéro dix-sept** sagt man (wie im Deutschen) meist nur kurz: **le dix-sept** - *die Siebzehn.*

Bei kurzen Wörtern wie **je, ne, le**, die oft nebeneinander oder neben anderen Pronomen stehen, wird bei der Aussprache oft ein **e** weggelassen. Hier ein paar Beispiele (in Klammern steht das bei der Aussprache „unterdrückte" **e**):
J(e) le connais. - *Ich kenne ihn.*
J(e) la connais. - *Ich kenne sie.*
J(e) les mets sur la table. - *Ich lege sie auf den Tisch.*
Je n(e) la prends pas. - *Ich nehme sie nicht.*
Je n(e) les achète pas. - *Ich kaufe sie nicht.*

19. Dieses gelbe Auto, ich sehe es. ....

20. Ich kaufe Äpfel. ....

21. Kaufst du viele? ....

22. Ich kaufe zwei Kilo. ....

23. Und Kirschen? Nimmst du / Kaufst du viele? ....

24. Willst du einen Pfirsich? ....

25. Ja, ich will einen. ....

26. Haben Sie Bonbons für die Kinder? ....

27. Ja, wir haben welche. Wir haben zwei Packungen. ....

28. Willst du Brot? Willst du etwas davon? ....

29. Trinkst du Bier? ....

30. Nein, danke, ich trinke keins. ....

31. Haben Sie Zucker? ....

32. Nein, wir haben keinen. ....

33. Sie haben Kinder, oder? ....

34. Ja, sie haben drei. ....

35. Willst du Salz? ....

36. Ja. ....

19. Cette voiture jaune, je la vois.

20. J'achète des pommes.

21. Tu en achètes beaucoup ?

22. J'en achète deux kilos.

23. Et des cerises? Tu en prends / en achètes beaucoup ?

24. Tu veux une pêche ?

25. Oui, j'en veux une.

26. Vous avez des bonbons pour les enfants ?

27. Oui, nous en avons. Nous en avons deux paquets.

28. Tu veux du pain ? Tu en veux un peu ?

29. Tu bois de la bière ?

30. Non, merci, je n'en bois pas.

31. Vous avez du sucre ?

32. Non, on n'en a pas. / Non, nous n'en avons pas.

33. Ils/Elles ont des enfants, non ?

34. Oui, ils/elles en ont trois.

35. Tu veux du sel ?

36. Oui, j'en veux.

Substantive können auch durch das Pronomen **en** ersetzt werden. Das hängt davon ab, in welcher Weise das Substantiv bestimmt wird.

Steht vor dem Substantiv

- ein bestimmter Artikel – **le, la, l', les**
- ein Possessivpronomen – **mon, ton, son, sa, ses**
- ein Demonstrativpronomen – **ce, cette, cet, ces,**

dann wird das Substantiv durch eines der Pronomen **le, la, l', les** ersetzt (wie in den Übungssätzen 1–19).

Steht vor dem Substantiv

- ein unbestimmter Artikel – **un, une, des**
- ein Teilungsartikel – **du, de la, de l'**
- ein Zahlwort – **un, deux, trois** usw. oder
- ein Ausdruck, der eine Menge bezeichnet – **beaucoup de, un peu de,**

dann wird das Substantiv durch das Pronomen **en** ersetzt, z. B.

Tu veux du café ? Oui, j'en veux. – *Möchtest du Kaffee? Ja, bitte.*

Wenn die Angabe einer Menge in eine Frage eingebettet ist, dann wird diese generell auch in dieser Art von Antwort wiederholt:

Vous avez beaucoup de problèmes ?
Oui, nous en avons beaucoup. – *Habt ihr viele Probleme. Ja, wir haben viele.*
Tu achètes une robe ? Oui, j'en achète une. – *Kaufst du (dir) ein Kleid? Ja, ich kaufe eines.* Bei dem Wörtchen **une** in der Antwort handelt es sich nicht um den (unbestimmten) Artikel, sondern um das Zahlwort *ein, eine*. Vgl.:
Elle a un frère ? Oui, elle en a un. – *Hat sie einen Bruder? Ja, sie hat einen.*

In der verneinten Form wird **ne** vor **en** gesetzt. In dem Fall kommt es zur Elision **n'en**:
Vous prenez de la glace ? Non, nous n'en prenons pas. – *Nehmt ihr Eis? Nein, wir nehmen keines.*

In der Umgangssprache entspricht das Wort **- non ?** (*oder? nicht?*) am Satzende dem Ausdruck **n'est-ce pas ?** – *nicht wahr?*

Vocabulaire

1.	Gibt es ein Problem?	....
2.	Da ist eine Nachricht für dich.	....
3.	Da ist ein Päckchen für Sie bei der Post.	....
4.	Gibt es hier einen Aufzug?	....
5.	Gibt es Tiere im Park?	....
6.	Gibt es in der Nähe eine U-Bahnstation?	....
7.	Ja, auf der rechten Seite ist ein Eingang zur U-Bahn.	....
8.	Gegenüber sind eine Bank und eine Apotheke.	....
9.	Auf der Straße sind künstlerische Darbietungen zu sehen.	....
10.	Entschuldigung, (meine Dame,) gibt es hier in der Nähe eine Touristeninformation?	....
11.	An der Straßenecke ist ein Briefkasten.	....
12.	Gibt es heute einen Zug nach Paris?	....
13.	Im Zug gibt es Schlafwagen und einen Speisewagen.	....
14.	Gibt es etwas zu essen?	....
15.	Es gibt Brot und Butter.	....
16.	Es gibt zwei Baguettes und etwas Honig.	....
17.	Im Kühlschrank sind Schinken und Käse.	....
18.	Was ist auf dem Tisch?	....

1. Il y a un problème ?
2. Il y a un message pour toi.
3. Il y a un colis pour vous à la poste.
4. Est-ce qu'il y a un ascenseur par ici ?
5. Est-ce qu'il y a des animaux dans le parc ?
6. Est-ce qu'il y a une station de métro près d'ici ?
7. Oui, il y a une bouche de métro à droite.
8. En face, il y a une banque et une pharmacie.
9. Il y a des représentations artistiques dans la rue.
10. Pardon, Madame, il y a un office du tourisme près d'ici ?
11. Il y a une boîte aux lettres au coin de la rue.
12. Est-ce qu'il y a un train pour Paris aujourd'hui ?
13. Dans le train, il y a des wagons-lits et un wagon-restaurant.
14. Il y a quelque chose à manger ?
15. Il y a du pain et du beurre.
16. Il y a deux baguettes et un peu de miel.
17. Il y a du jambon et du fromage dans le frigo.
18. Qu'est-ce qu'il y a sur la table ?

Il y a (*es gibt, da ist/sind* usw.) ist ein unpersönlicher Ausdruck, dem ein Substantiv im Singular oder Plural folgt, und zwar meist mit einem unbestimmten Artikel (**un, une, des**) oder mit dem Teilungsartikel (**du, de la, de l'**). Mit **il y a** kann man Folgendes ausdrücken:

- das Vorhandensein (bzw. mit der verneinten Form das Fehlen) von etwas:
  Il y a une piscine. – *Es gibt ein Schwimmbad.*
  Il n'y a pas de piscine. – *Es gibt kein Schwimmbad.*

Oft steht **il y a** im Zusammenhang mit Orts- bzw. Zeitbestimmungen:

- mit einer Ortsbestimmung:
  Près d'ici, il y a une station d'essence. – *In der Nähe von hier ist eine Tankstelle.*
- mit einer Zeitbestimmung:
  Il y a des cours d'anglais l'après-midi. – *Der Englischunterricht ist am Nachmittag.*

In der Standardsprache wird eine Frage häufig mit dem Ausdruck **est-ce que** gestellt. Dabei muss eine eventuelle Elision beachtet werden:
Est-ce qu'il y a... ?
In der gehobenen Sprache wird eine Frage oft mithilfe der Inversion gestellt. Dann nimmt **il y a** die Form **y a-t-il** an. Diese Form entsteht durch die Umstellung von **il** und **a** aufgrund der Inversionsfrage; das **-t-** wird auch hier aus phonetischen Gründen eingefügt:
Y a-t-il une pharmacie près d'ici ? – *Gibt es hier in der Nähe eine Apotheke?*

Zu Satz 8: Lokal- oder Temporalbestimmungen stehen häufig nach dem Substantiv oder vor **il y a**.

Zu Satz 9: Zur Bestimmung von Orten kann man folgende Ausdrücke verwenden: **dans la rue** – *auf die/der Straße*; **au coin de la rue** – *an der Straßenecke*; **près (de)** – *in der Nähe (von)*; **près d'ici** – *hier in der Nähe*; **en face (de)** – *gegenüber (von)*; **par ici** – *(irgendwo) hier*; **dans le parc** – *im Park* (zum Gebrauch von Lokaladverbien – siehe unité 27).

Viele Komposita werden im Französischen mit Bindestrichen geschrieben: **un stylo-bille** – *Kugelschreiber.*

19. Es gibt Milch, Kaffee und Marmelade. ....

20. Auf meinem Konto ist nicht viel Geld. ....

21. Es gibt keinen Mietwagen. ....

22. Gibt es etwas zu tun? ....

23. Nein, es gibt nichts zu tun. ....

24. Wie viele Personen sind in der Gruppe? ....

25. Es sind fünf Teenager und sieben Erwachsene. ....

26. Was gibt es im Zentrum zu besichtigen? ....

27. Wie viele Kirchen gibt es in der Altstadt? ....

28. Gibt es Seen in Frankreich? ....

29. In Deutschland gibt es einige. ....

30. Sind in dieser Klasse Jungen? ....

31. Ja, (es sind) fünfzehn. ....

32. Wie viele Räume gibt es in dieser Wohnung? ....

33. Es gibt vier. ....

34. Es gibt eine Küche, ein Badezimmer, ein Wohnzimmer und ein Schlafzimmer. ....

35. In dieser Zeitung stehen viele Anzeigen. ....

36. Es gibt viele. ....

19. Il y a du lait, du café et de la confiture.

20. Il n'y a pas beaucoup d'argent sur mon compte.

21. Il n'y a pas de voiture à louer.

22. Est-ce qu'il y a quelque chose à faire ?

23. Non, il n'y a rien à faire.

24. Combien de personnes il y a dans le groupe ?

25. Il y a cinq adolescents et sept adultes.

26. Qu'est-ce qu'il y a à visiter dans le centre ?

27. Combien d'églises il y a dans la vieille ville ?

28. Est-ce qu'il y a des lacs en France ?

29. Il y en a plusieurs en Allemagne.

30. Il y a des garçons dans cette classe ?

31. Oui, il y en a quinze.

32. Il y a combien de pièces dans cet appartement ?

33. Il y en a quatre.

34. Il y a une cuisine, une salle de bains, une salle de séjour et une chambre.

35. Dans ce journal, il y a beaucoup d'annonces.

36. Il y en a beaucoup.

In der verneinten Form kommt es bei der Kombination von **ne** und **il y a** zur Elision **ne + y = n'y**. Nach diesem Ausdruck steht die Präposition **de** vor dem Substantiv anstelle des Teilungs- oder unbestimmten Artikels:
Il y a un problème. – *Es gibt ein Problem.*
Il n'y a pas de problème. – *Es gibt kein Problem.*
Il y a une solution. – *Es gibt eine Lösung.*
Il n'y a pas de solution. – *Es gibt keine Lösung.*
Il y a de l'argent dans ton porte-monnaie ? – *Ist Geld in deinem Portemonnaie?*
Il n'y a pas d'argent dans mon porte-monnaie. – *Es ist kein Geld in meinem Portemonnaie.*

Ein Wort, das in etwa das Gegenteil von **quelque chose** bedeutet, ist **rien** (*nichts*). Bei der Verneinung steht es an der Stelle von **pas**:
Je ne vois rien. – *Ich sehe nichts.*
Il n'y a rien à lire. – *Es gibt nichts zum Lesen.*

Zur Erinnerung: Man kann auch eine Frage mithilfe des Ausdrucks **est-ce que** stellen:
Combien de personnes est-ce qu'il y a dans le groupe ?
Dabei muss man die Elision **est-ce qu'il** (**que + il**) beachten.

Wenn ein nach dem Ausdruck **il y a** stehendes Substantiv durch ein Pronomen ersetzt werden soll, kann **en** verwendet werden. Es wird zwischen **y** und **a** gesetzt: **il y en a** (Aussprache: [iljɑ̃na]).
Il y a des pommes ? – Oui, il y en a quatre. *Gibt es Äpfel? – Ja, vier (Stück).*
Die verneinte Form dazu ist **il n'y en a pas** (Aussprache: [ilnjɑ̃napa]).
Il y a des pommes ? Non, il n'y en a pas. – *Gibt es Äpfel? Nein, es gibt keine.*

Das Fragewort kann man i. d. R. auch an den Satzanfang setzen:
Combien de pièces il y a / y a-t-il dans cet appartement ?
Das Substantiv **une pièce** bezeichnet einen *Raum* in einem Haus.

Vocabulaire

1. Sie ist in Paris. ....

2. Wohnen sie in Rom oder in Mailand? ....

3. Wann fahrt ihr nach Schweden? ....

4. Willst du in Frankreich arbeiten? In welcher Region? ....

5. Ich gehe in die Provence oder in die Alpen. ....

6. Sie wollen nicht in Großbritannien arbeiten. ....

7. Sie möchten lieber in Deutschland bleiben. ....

8. Gibt es viele Deutsche in Kanada? ....

9. Ja, ich denke schon. Und in Japan? ....

10. In Mexiko wird Spanisch gesprochen. Und in Argentinien? ....

11. Das Flugzeug kommt aus der Schweiz, aus Genf. ....

12. Ihre Freunde kommen aus Frankreich und Deutschland. ....

13. Dieser dekorative Stil kommt aus Japan. ....

14. Wann kommen sie aus Portugal, aus Lissabon zurück? ....

15. Gehst du zur Bank oder zur Post? ....

16. Die Kinder sind in der Schule. ....

17. Gehen wir ins Kino, ins Theater oder ins Stadion? ....

18. Wir sind im Kino. Der Kinosaal wurde renoviert. ....

1. Elle est à Paris.
2. Ils/Elles habitent à Rome ou à Milan ?
3. Quand est-ce que vous allez en Suède ?
4. Tu veux travailler en France ? Dans quelle région ?
5. Je vais en Provence ou dans les Alpes.
6. Ils/Elles ne veulent pas travailler en Grande-Bretagne.
7. Ils/Elles préfèrent rester en Allemagne.
8. Est-ce qu'il y a beaucoup d'Allemands au Canada ?
9. Oui, je pense. / Je pense que oui. Et au Japon ?
10. On parle espagnol au Mexique. Et en Argentine ?
11. L'avion arrive de Suisse, de Genève.
12. Leurs amis sont de France et d'Allemagne.
13. Ce style décoratif vient du Japon.
14. Quand est-ce qu'ils/elles reviennent du Portugal, de Lisbonne ?
15. Tu vas à la banque ou à la poste ?
16. Les enfants sont à l'école.
17. On va au cinéma, au théâtre ou au stade ?
18. On est dans le cinéma. La salle de cinéma est rénovée.

In dieser **unité** werden einige Ortspräpositionen behandelt. In der Antwort auf die Frage **où?** – *wo? wohin?* steht vor Städtenamen generell die Präposition **à:**
Ils/Elles sont à Moscou. – *Sie sind in Moskau.*

Im Zusammenhang mit Kontinenten, Ländern und Regionen femininen Geschlechts wird i. d. R. die Präposition **en** gebraucht:
- **en Europe, en Asie, en Amérique, en Australie, en Afrique**
- **en Grèce, en Grande-Bretagne, en Suisse, en Norvège, en Russie, en Chine, en Italie**
- **en Provence, en Alsace.**

Vor dem Gebirgsnamen steht die Präposition **dans** und der Artikel.

Vor maskulinen Ländernamen kommt **au** (**au = à + le**) zur Anwendung:
au Brésil, au Danemark, au Japon, aux États-Unis, au Canada.
Maskuline Ländernamen enden meist auf einen Konsonanten (Ausnahmen wie **Canada, Mexique**), während feminine Ländernamen meist auf **e** auslauten: **la France, la Grèce**.

Nach Verben wie **arriver de, venir de, revenir de** wird vor maskulinen Ländernamen der zusammengezogene Artikel **du** bzw. **des** vor einem Ländernamen im Plural verwendet:
Il vient du Brésil ? – *Kommt er aus Brasilien?*
Elle arrive du Danemark / du Canada / des États-Unis. – *Sie kommt aus Dänemark / Kanada / aus den Vereinigten Staaten.*
Ansonsten wird die Präposition **de** verwendet.

Wenn man einen Ort kennzeichnen möchte, an dem man sich befindet oder zu dem man sich bewegt, wird häufig die Präposition **à** verwendet (dabei sei an die zusammengezogenen Artikel erinnert).

Die Präposition **dans** wird häufig im Zusammenhang mit Räumen innerhalb eines begrenzten Ortes gekennzeichnet:
Je suis dans la cuisine. – *Ich bin in der Küche.*
Il y a beaucoup de voitures dans la rue. – *Es sind viele Autos auf der Straße.*

19.	Bist du zu Hause?	....
20.	Ich bin in der Stadt.	....
21.	Geht sie zu ihrer Tante oder zu ihren Eltern?	....
22.	Seid ihr zu Hause?	....
23.	Soll ich die Blumen auf den Tisch stellen?	....
24.	Du kannst deine Tasche auf die Bank legen.	....
25.	Ist meine Hose oben oder unten im Kleiderschrank?	....
26.	Da ist jemand hinter der Tür.	....
27.	Ich kann nicht vor dem Tor parken.	....
28.	Was ist unter dem Bett?	....
29.	Hier, unter der Tür ist ein Brief!	....
30.	Kannst du das Sofa an die Wand neben dem Fenster stellen?	....
31.	Ja, an die Wand, aber neben die Tür.	....
32.	In der Nähe des Kinos gibt es ein Restaurant.	....
33.	Gegenüber der Touristeninformation ist ein Café-Restaurant.	....
34.	Was ist gegenüber vom Dom?	....
35.	In der Innenstadt ist ein Marktplatz.	....
36.	Sie wohnen in der Nähe des Flughafens.	....

19. Tu es chez toi ?

20. Moi, je suis en ville.

21. Elle va chez sa tante ou chez ses parents ?

22. Vous êtes chez vous ?

23. Je mets les fleurs sur la table ?

24. Tu peux poser/mettre ton sac sur le banc.

25. Mon pantalon est en haut ou en bas de l'armoire ?

26. Il y a quelqu'un derrière la porte.

27. Je ne peux pas stationner devant le portail.

28. Qu'est-ce qu'il y a sous le lit ?

29. Tiens, sous la porte il y a une lettre !

30. Tu peux placer le canapé contre le mur près de la fenêtre ?

31. Oui, contre le mur, mais à côté de la porte.

32. Près du cinéma il y a un restaurant.

33. En face de l'office du tourisme il y a une brasserie.

34. Qu'est-ce qu'il y a en face de la cathédrale ?

35. Au centre-ville, il y a une place du marché.

36. Ils/Elles habitent près de l'aéroport.

Das Wort **ville** wird [vil] gesprochen. Es bildet damit eine von wenigen Ausnahmen (ebenso wie z. B. **mille**, **tranquille**), in denen **-ille** als [il] und nicht als [ij] ausgesprochen wird.

Zur Erinnerung: In Bezug auf Personen verwendet man häufig die Präposition **chez**.

Der Ausdruck *bei sich (zu Hause) sein* hat für die einzelnen Personen folgende Formen:
je suis chez moi
tu es chez toi
il est chez lui
elle est chez elle
nous sommes chez nous
vous êtes chez vous
ils sont chez eux
elles sont chez elles.

Das Gegenteil von **derrière** (*hinter*) ist **devant** (*vor*).

Ein Synonym zu dem Verb **stationner** ist das reflexive Verb **se garer**, das vor allem in der Umgangssprache verwendet wird:
Je ne peux pas me garer devant le portail.
Man kann auch sagen: **garer la voiture** – *das Auto parken*. In diesem Fall ist das Verb nicht reflexiv.

Das Gegenteil von **sur** (*auf*) ist **sous** (*unter*).

Die Präposition **sur** bedeutet, dass sich etwas auf einer Oberfläche befindet. **Contre** (*an, gegen*) bezieht sich auf den Kontakt zweier Dinge.

Unter anderem nach folgenden präpositionalen Ausdrücken wird der zusammengezogene Artikel verwendet:
près du restaurant – *in der Nähe des Restaurants*, **à côté du magasin** – *neben dem Geschäft*, **en face du bureau** – *gegenüber vom Büro*

Une brasserie ist ein *Café-Restaurant*, in dem man zu jeder Tageszeit etwas essen kann und damit länger bedient wird als in den typischen Restaurants in Frankreich.

1. Magst du das Meer? ....
2. Ja, ich mag das Meer, den Ozean, aber die Berge mag ich noch lieber. ....
3. Ich liebe Seen, aber Berge mag ich nicht. ....
4. Ich nehme die Tasche und den Hut. ....
5. Nimmst du deinen Regenschirm? ....
6. Sie sehen sich unser Album und die Bilder unserer Reise an. ....
7. Gefällt dir sein Gemälde? ....
8. Seht ihr diese Gruppe von Studenten? Tanzen sie? ....
9. Wir nehmen Fisch und Chips, und ihr? ....
10. Ich esse Hühnchen mit Reis. ....
11. Wir trinken Sprudelwasser. ....
12. Wir kaufen eine Flasche Milch und drei Croissants. ....
13. Wir nehmen eine Packung Kekse und eine Schachtel Pralinen. ....
14. Rufst du deine Freundin an? ....
15. Nein, ich rufe beim Arzt an. ....
16. Tony lächelt Véronique an. ....
17. Monique gefällt meinem Bruder. ....
18. Der Lehrer spricht mit den Schülern. ....

1. Tu aimes la mer ?
2. Oui, j'aime bien la mer, l'océan, mais je préfère la montagne.
3. Moi, j'adore les lacs, mais je n'aime pas la montagne.
4. Je prends le sac et le chapeau.
5. Tu prends ton parapluie ?
6. Ils/Elles regardent notre album et les photos de notre voyage.
7. Tu aimes son tableau ?
8. Vous voyez ce groupe d'étudiants ? Est-ce qu'ils dansent ?
9. On prend du poisson et des frites, et vous ?
10. Je mange du poulet avec du riz.
11. Nous buvons de l'eau minérale gazeuse.
12. On achète une bouteille de lait et trois croissants.
13. Nous prenons un paquet de biscuits et une boîte de chocolats.
14. Tu téléphones à ton amie ?
15. Non, je téléphone au médecin.
16. Tony sourit à Véronique.
17. Monique plaît à mon frère.
18. Le professeur parle aux élèves.

Ein Synonym zu dem Verb **préférer** (*bevorzugen*) ist der Ausdruck **aimer mieux**, der wörtl. *mehr mögen* bedeutet:
J'aime nager, mais j'aime mieux faire du vélo. – *Ich schwimme gern, aber lieber fahre ich Fahrrad.*

In dieser **unité** geht es um transitive und intransitive Verben. Das Verständnis ihrer Merkmale ist wichtig für die Aneignung weiterer grammatischer Regeln. Ziel der Übungen ist es, die Unterschiede im Gebrauch dieser zwei Verbarten im Französischen zu verstehen.

Ein transitives Verb verlangt eine Ergänzung in Form eines direkten Objekts. Das heißt, wenn jemand sagt: *ich mag*, muss ergänzt werden, was oder wen er mag.
Das Verb verbindet sich in diesen Fällen ohne Präposition mit einem Objekt, z. B. **aimer, prendre, regarder, boire**.

Ein intransitives Verb hingegen steht entweder allein: **parler, sourire** usw. oder verbindet sich (vor allem mithilfe der Präposition **à**) mit einem Substantiv:
parler à qn – *mit jdm. sprechen*
sourire à qn – *jdn. anlächeln*
plaire à qn – *jdm. gefallen*
obéir à qn – *jdm. folgen, gehorchen*
(siehe Sätze 14–19).

Die Fortsetzung des Themas folgt auf der nächsten Seite.

19.	Luc gehorcht seinem Vater.	....
20.	Leiht ihr jemandem eure Bücher aus?	....
21.	Schenkst du deiner Frau oft Blumen?	....
22.	Sie versteht es, ihren Schülern die Grammatik zu erklären.	....
23.	Bittest du deine Eltern um Taschengeld?	....
24.	Er bietet seinen Gästen ein Dessert an.	....
25.	Wir müssen einen Polizisten nach dem Weg fragen.	....
26.	Wir müssen unsere Nachbarn um Zucker bitten.	....
27.	Ich muss Christophe nach der Adresse fragen.	....
28.	Denkt ihr an die Ferien und an die Reise?	....
29.	Ich interessiere mich für Literatur und Sport.	....
30.	Sprichst du von deiner / über deine Arbeit?	....
31.	Sie kommt morgen Mittag an.	....
32.	Wir kommen heute Abend von dem Ausflug zurück.	....
33.	Geht ihr aus?	....
34.	Der Zug fährt um fünf Uhr ab.	....
35.	Wir gehen ins Restaurant. Kommst du mit uns?	....
36.	Nein, ich gehe nicht mit euch. Ich gehe nach Hause zu Véronique.	....

19. Luc obéit à son papa/père.

20. Vous prêtez vos livres à quelqu'un ?

21. Tu donnes souvent des fleurs à ta femme ?

22. Elle explique bien la grammaire à ses élèves.

23. Tu demandes de l'argent de poche à tes parents ?

24. Il propose un dessert à ses invités.

25. Il faut demander le chemin à un agent de police.

26. Il faut demander du sucre à nos voisins.

27. Je dois demander l'adresse à Christophe.

28. Vous pensez aux vacances et au voyage ?

29. Je m'intéresse à la littérature et au sport.

30. Tu parles de ton travail ?

31. Elle arrive demain à midi.

32. Nous rentrons de l'excursion cette nuit.

33. Vous sortez ?

34. Le train part à cinq heures.

35. On va au restaurant. Tu viens avec nous ?

36. Non, je ne vais pas avec vous. Je rentre chez Véronique.

Ein Verb kann sich auch mit zwei Objekten verbinden. Dabei ist zu beachten, dass dann i. d. R. das direkte Objekt (ohne Präposition) unmittelbar nach dem Verb steht (Sätze 20–27):
donner qc à qn – *jdm. etw. geben*
dire qc à qn – *jdm. etw. sagen*
proposer qc à qn – *jdm. etw. vorschlagen*
expliquer qc à qn – *jdm. etw. erklären*
demander qc à qn – *jdn. um etw./nach etw. bitten/fragen.*
In Satz 23 und 26 treten die Substantive mit Teilungsartikel auf: **de l'argent**, **du sucre**.

Ein Verb kann sich neben der Präposition **à** auch mit der Präposition **de** verbinden (Satz 30):
Je parle de Margot. – *Ich spreche von/über Margot.*
Je parle d'art. – *Ich spreche von/über Kunst.*

Hier noch einmal einige Beispiele für Verben mit den Präpositionen **à** sowie **de**:

Beispiele für Verben mit der Präposition **à**:
penser à qn/qc – *an jdn./etw. denken*
s'intéresser à qn/qc – *sich für jdn./etw. interessieren*
s'habituer à qn/qc – *sich an jdn./etw. gewöhnen*
s'adresser à qn – *sich an jdn. wenden*
réfléchir à qc – *über etw. nachdenken*
renoncer à qc – *auf etw. verzichten.*

Beispiele für Verben mit der Präposition **de**:
parler de qn/qc – *über jdn./etw. reden, sprechen*
rêver de qn/qc – *von jdm./etw. träumen*
avoir besoin de qn/qc – *jdn./etw. brauchen*
avoir envie de qc – *auf etw. Lust haben*
avoir peur de qn/qc – *vor jdm./etw. Angst haben.*

In den restlichen Beispielsätzen (31–36) ist der Gebrauch intransitiver Verben, die keine Objekte erfordern, zu sehen. Sie beziehen sich oft auf Bewegungen, Ortsveränderungen, Zustände bzw. Zustandsveränderungen:
aller – *gehen, fahren*; **partir** – *ab-, wegfahren*; **sortir** – *(hin)ausgehen*; **entrer** – *hineingehen*; **arriver** – *ankommen*; **rentrer** – *zurückkommen*; **venir** – *kommen*; **revenir** – *zurückkommen*; **rester** – *bleiben*; **tomber** – *fallen*; **devenir** – *werden*; **mourir** – *sterben*; **naître** – *geboren werden.*

1. Ich warte am Flughafen.	....
2. Wir warten auf die Ankunft des Flugzeugs aus Brüssel.	....
3. Auf wen wartest du?	....
4. Ich warte auf einen Freund.	....
5. Wo wartest du? An der Bushaltestelle?	....
6. Wartet ihr (schon) lang?	....
7. Wir warten seit zwei Stunden.	....
8. Jacques ist eingeladen. Wir warten seit zehn Minuten auf ihn.	....
9. Heute Abend erwarte ich Madeleine.	....
10. Warten Sie, bitte.	....
11. Hörst du ein Geräusch?	....
12. Ja, ich höre etwas.	....
13. Ich höre nichts.	....
14. Sie hören die Vögel singen.	....
15. Sie reden ganz leise, aber wir hören sie.	....
16. Willst du aus dem Zug aussteigen?	....
17. Ja, alle Leute steigen aus den Waggons aus.	....
18. Ich steige nicht aus, ich bleibe.	....

1. J'attends à l'aéroport.
2. On attend l'arrivé de l'avion de Bruxelles.
3. Qui est-ce que tu attends ?
4. Moi, j'attends un ami.
5. Où est-ce que tu attends ? à l'arrêt de bus ?
6. Vous attendez depuis longtemps ?
7. Nous attendons depuis deux heures.
8. Jacques est invité. On l'attend depuis dix minutes.
9. Ce soir, j'attends Madeleine.
10. Attendez, s'il vous plaît.
11. Tu entends du bruit ?
12. Oui, j'entends quelque chose.
13. Moi, je n'entends rien.
14. Ils/Elles entendent le chant des oiseaux.
15. Ils/Elles parlent tout bas, mais nous les entendons.
16. Tu veux descendre du train ?
17. Oui, tous les gens descendent des wagons.
18. Moi, je ne descends pas, je reste.

In dieser **unité** werden die Verben der 3. Konjugationsklasse vorgestellt, d. h. unregelmäßige Verben wie **attendre** (*warten*). Nach Abtrennung der Endung **-re** vom Verb **attendre** bleibt der Stamm **attend-** übrig.

j'	**attends**
tu	**attends**
il/elle/on	**attend**
nous	**attendons**
vous	**attendez**
ils/elles	**attendent**

Das Verb **attendre** wird wie folgt verwendet bzw. konstruiert:

- **attendre** – *warten*: **Nous attendons à la gare.** – *Wir warten am Bahnhof.*
- **attendre qc** – *auf etw. warten*: **Elle attend le train.** – *Sie wartet auf den Zug.*
- **attendre qn** – *auf jdn. warten*: **J'attends maman.** – *Ich warte auf Mama.*

Im Unterschied zum Deutschen verlangt das Verb **attendre (qn, qc)** – *warten (auf jdn., auf etw.)* also im Französischen keine Präposition.

Wie **attendre** werden u. a. folgende Verben konjugiert: **descendre** – *hinuntergehen, aussteigen*; **entendre** – *hören*; **rendre** – *zurückgeben*; **vendre** – *verkaufen*; **dépendre de** – *abhängen von*; **répondre** – *antworten*; **confondre** – *sich irren*; **perdre** – *verlieren*; **mordre** – *beißen*.

Das Verb **entendre** (*hören*) unterscheidet sich in der Aussprache von **attendre** (*warten*) nur durch den ersten Laut [ɑ̃]/[a].

Zur Erinnerung: Das Wort **rien** (*nichts*) steht im (verneinten) Satz an der Stelle von **pas**: **Je ne comprends rien.** – *Ich verstehe nicht.* **Je ne sais rien.** – *Ich weiß nichts.*

Parler tout bas heißt *ganz leise sprechen.*

Das Verb **descendre** (*aussteigen, hinuntergehen*) steht häufig mit der Präposition **de** (was mit einem Artikel zur Verschmelzung zu **du, des** führt).

19. Morgen bringe ich die Bücher in die Bibliothek zurück. ....

20. Wovon hängt das ab? ....

21. Diese Entscheidung hängt nicht von mir ab. ....

22. Was wird hier verkauft? ....

23. Hier werden Erdbeeren und Kirschen verkauft. ....

24. Verkauft ihr nicht euer Auto? ....

25. Doch, doch, wir verkaufen es nächsten Monat. ....

26. Hallo, ich bin's. Warum antwortest du nicht auf meinen Anruf? ....

27. Beantworten Sie bitte meine Frage. ....

28. Sie antworten nicht auf meinen Vorschlag für die Reise. ....

29. Sie verwechselt oft die Namen der Schüler. ....

30. Sie sind Zwillinge. Verwechselt ihr sie nicht? ....

31. Warum verlierst du immer deinen Schlüssel? ....

32. Wenn sie auf Reisen ist, verliert sie oft ihren Regenschirm. ....

33. Sie verschwenden ihre Zeit mit Fernsehen. ....

34. Sie verlieren ihretwegen den Kopf(, junger Mann)! ....

35. Achtung! Das ist ein bissiger Hund. ....

36. Ich höre Ihnen zu(, gnädige Frau). Ich kann Sie gut hören. ....

19. Demain, je rends les livres à la bibliothèque.

20. Ça dépend de quoi ?

Man kann auch fragen:
De quoi (est-ce que) ça dépend ?

21. Cette décision ne dépend pas de moi.

22. Qu'est-ce qu'ils/elles vendent ici ?

23. Ici, on vend des fraises et des cerises.

24. Vous ne vendez pas votre voiture ?

25. Mais si, nous la vendons le mois prochain.

Das Wort **mais** bedeutet *aber*, der Ausdruck **mais oui** – *aber ja, na klar* und **mais si** – *doch, doch / und ob* – letzteres als Antwort auf eine Frage in verneinter Form:
Tu déménages ? – *Ziehst du um?*
Mais oui, je déménage le mois prochain. – *Aber ja, nächsten Monat ziehe ich um.*
Tu ne déménages pas ? – *Ziehst du nicht um?*
Mais si, je déménage le mois prochain. – *Doch, doch,* nächsten Monat ziehe ich um.

26. Allô, c'est moi. Pourquoi tu ne réponds pas à mon appel ?

Das Wort **un appel** bedeutet *Telefonanruf.* Das Verb **appeler** (*rufen*) wird auch in der Bedeutung (*jdn.*) *anrufen* verwendet.

27. Répondez à ma question, s'il vous plaît.

Das Verb **répondre** verbindet sich mit der Präposition **à**:
répondre à qn – *jdm. antworten,*
répondre à qc – *auf etw. antworten*:
Je réponds à ta question. – *Ich antworte auf deine Frage.*
Je réponds à Sophie à sa question. – *Ich antworte Sophie auf ihre Frage.*

28. Ils/Elles ne répondent pas à ma proposition de voyage.

29. Elle confond souvent les prénoms des élèves.

30. Ils/Elles sont jumeaux/jumelles. Vous ne les confondez pas ?

31. Pourquoi tu perds toujours ta clé ?

32. Quand elle voyage, elle perd souvent son parapluie.

Die Adverbien **toujours** (*immer, immer noch*) und **souvent** (*oft*) stehen i. d. R. nach dem Verb.

33. Ils/Elles perdent du temps à regarder la télé.

In dem Ausdruck **perdre du temps** (*Zeit verlieren*) fungiert das Wort **du** als Teilungsartikel.

34. Vous perdez la tête pour elle, Monsieur !

35. Attention ! C'est un chien méchant, il mord.

36. Je vous écoute, Madame. Je vous entends bien.

Das regelmäßige Verb **écouter** bedeutet *(zu)hören*, das Verb **entendre** dagegen *hören, (akustisch) wahrnehmen*:
J'écoute de la musique. – *Ich höre Musik.*
Tu entends cette musique-là ? – *Hörst du diese Musik?*

1. Warum siehst du mich an?	....
2. Ich will dir sagen, dass ich dich liebe.	....
3. Hören Sie mir zu(, meine Dame)?	....
4. Sie hören uns zu.	....
5. Wir können euch hören.	....
6. Seht ihr mich?	....
7. Der Chef will dich sehen.	....
8. Ich danke Ihnen vielmals(, meine Dame).	....
9. Kannst du mich gut hören?	....
10. Nein, ich kann dich nicht hören.	....
11. Ich verstehe Sie nicht(, mein Herr).	....
12. Ich erkenne sie. Und ihr, erkennt ihr sie auch?	....
13. Wir danken euch für eure Hilfe.	....
14. Sie laden dich für Sonntag ein.	....
15. Laden sie uns auch ein?	....
16. Verstehst du mich gut?	....
17. Ich nehme dich heute Abend ins Restaurant mit.	....
18. Ich muss dir etwas sagen.	....

1. Pourquoi tu me regardes ?
2. Je veux te dire que je t'aime.
3. Vous m'écoutez, Madame ?
4. Ils/Elles nous écoutent.
5. Nous vous entendons.
6. Vous me voyez ?
7. Le chef veut te voir.
8. Je vous remercie beaucoup, Madame.
9. Tu m'entends bien ?
10. Non, je ne t'entends pas.
11. Je ne vous comprends pas, Monsieur.
12. Je les reconnais. Et vous, vous les reconnaissez aussi ?
13. Nous vous remercions de votre aide.
14. Ils/Elles t'invitent pour dimanche.
15. Ils/Elles nous invitent aussi ?
16. (Est-ce que) Tu me comprends bien ?
17. Je t'emmène au restaurant ce soir.
18. Je dois te dire quelque chose.

Die Personalpronomen **me**, **te**, **nous**, **vous** antworten auf die Fragen *wen?* sowie *wem?* und haben folgende Formen:

me (m')	*mich, mir*
te (t')	*dich, dir*
nous	*uns*
vous	*euch/Sie, Ihnen*

Die Pronomen stehen generell vor dem gebeugten Verb:
Il me connaît. – *Er kennt mich.*
Wenn ein Hilfsverb und ein Infinitiv im Satz vorkommen, z. B. **vouloir/pouvoir/devoir** + Infinitiv, wird das Pronomen vor den Infinitiv gesetzt:
Il veut te connaître. – *Er will dich kennenlernen.*
Tu dois m'écrire. – *Du musst mir schreiben.*
Je peux te parler ? – *Kann ich mit dir sprechen?*

Auch in Verneinungssätzen stehen die Pronomen in der Funktion eines direkten und indirekten Objekts vor dem Verb:
Je ne te comprends pas. – *Ich verstehe dich nicht.*

Das Präfix **re-** kann oft die Bedeutung eines Wortes verändern:
connaître – *kennen*, **reconnaître** – *erkennen*; **chercher** – *suchen*, **rechercher** – *(unter)suchen, fahnden*; **commander** – *bestellen*, **recommander** – *empfehlen*;
cueillir – *pflücken, ernten*, **recueillir** – *sammeln*.

Das Verb **remercier** (*danken*) wird häufig mit der Präposition **de** gebraucht:
Je vous remercie de votre gentillesse. – *Ich danke Ihnen für Ihre Liebenswürdigkeit.*

Das Verb **emmener qn** steht für *jdn. mitnehmen*:
Pierre emmène son frère au cinéma. – *Pierre nimmt seinen Bruder ins Kino mit.*

19. Ich will euch schreiben. Könnt ihr mir eure Adresse geben?	....
20. Das gefällt mir. Gefällt es euch auch?	....
21. Sie schlagen uns einen Wochenendausflug vor.	....
22. Ich verspreche es dir.	....
23. Was verlangst du von mir?	....
24. Ruft er euch an?	....
25. Ja, und wir rufen ihn auch an.	....
26. Ich schreibe ihm einen Brief und schicke ihn ihm heute Nachmittag.	....
27. Gefällt ihnen mein Geschenk?	....
28. Ich rufe sie(, meine Mutter,) oft an.	....
29. Sagst du ihr(, Anne,) die Wahrheit?	....
30. Was schlägst du ihm/ihr vor?	....
31. Was sagt er ihnen(, seinen Eltern)?	....
32. Sie sagt uns immer wieder dasselbe.	....
33. Er schlägt ihnen (seinen Schülern) eine Exkursion nach Frankreich vor.	....
34. Worum bittest du sie(, deine Schwester)?	....
35. Entschuldigen Sie(, mein Herr / meine Dame), ich möchte Sie etwas fragen.	....
36. Sie fragen sie nach Bildern von der Hochzeit.	....

19. Je veux vous écrire. Vous pouvez me donner votre adresse ?

20. Ça me plaît. Ça vous plaît aussi ?

21. Ils/Elles nous proposent une escapade pour le week-end.

22. Je te le promets.

23. Qu'est-ce que tu me demandes ?

24. Est-ce qu'il vous téléphone ?

25. Oui, et nous lui téléphonons aussi.

26. Je lui écris une lettre et je l'envoie cet après-midi.

27. Est-ce que mon cadeau leur plaît ?

28. Je lui téléphone souvent, (à maman).

29. Est-ce que tu lui dis la vérité, (à Anne) ?

30. Qu'est-ce que tu lui proposes ?

31. Qu'est-ce qu'il leur dit, (à ses parents) ?

32. Elle nous répète toujours la même chose.

33. Il leur propose une excursion en France, (à ses élèves).

34. Qu'est-ce que tu lui demandes, (à ta sœur) ?

35. Pardon, Monsieur/Madame, je voudrais vous demander quelque chose.

36. Ils/Elles leur demandent des photos du mariage.

Das Verb **plaire à qn** (*jdm. gefallen*) wird wie folgt konjugiert: **je plais**, **tu plais**, **il/elle plaît**, **nous plaisons**, **vous plaisez**, **ils/elles plaisent**.

In diesem Satz bedeutet das Objektpronomen **le** *es* bzw. *das* und steht für eine komplexe Handlung, die in einer anderen Satzvariante als Nebensatz nach *dass* wiedergegeben werden könnte:
Je te promets que... – *Ich verspreche dir, dass ...*

Die Personalpronomen **lui** (*ihm, ihr*) sowie **leur** (*ihnen*) antworten auf die Frage **wem?** und ersetzen Substantive mit der Präposition **à** in der Objektfunktion von Verben:
Je téléphone à Paul. Je lui téléphone tous les jours. – *Ich rufe Paul an. Ich rufe ihn täglich an.*
Nous écrivons à nos parents. Nous leur écrivons souvent. – *Wir schreiben unseren Eltern. Wir schreiben ihnen oft.*
Sie werden u. a. mit folgenden Verben gebraucht:
parler à qn, téléphoner à qn, écrire à qn donner qc à qn, dire qc à qn, proposer qc à qn, expliquer qc à qn, rendre qc à qn, demander qc à qn.
Zu Bedeutung und Beispielen ihres Gebrauchs vgl. **unité** 28.
Das Personalpronomen **leur** (*ihnen*) ist der Form nach identisch mit dem Possessivpronomen in derselben Person (**leur** – *ihr(e)*), z. B. **leur maison** – *ihr Haus*. Das Personalpronomen steht im Französischen vor dem Verb, das Possessivpronomen vor dem Substantiv.
Les Dupont leur montrent leur jardin.
Die Duponts zeigen ihnen ihren Garten.

Zu den Sätzen 28 und 29: Hier wird dasselbe Objekt zweimal ausgedrückt: mithilfe eines Personalpronomens **lui** und durch ein Substantiv mit der Präposition – **à maman, à Anne**.
Diese Konstruktion wird dann angewandt, wenn man bei dem Gebrauch des Pronomens (hier: **lui** – *ihm, ihr*) präzisieren muss, von wem die Rede ist.

Zu Satz 30: Auch hier wird das Objekt zweimal ausgedrückt: **leur** (*ihnen*) bzw. **à ses parents**.

1.	Ich stehe um sechs Uhr auf.	....
2.	Um welche Uhrzeit steht ihr auf?	....
3.	Wir stehen um halb sechs auf.	....
4.	Wäschst du dich mit heißem oder kaltem Wasser?	....
5.	Ich ziehe mich schnell an.	....
6.	Ich setze mich hin, um zu frühstücken.	....
7.	Wie heißen Sie?	....
8.	Wie heißt du?	....
9.	Duschst du oder badest du?	....
10.	Oma möchte sich in den Sessel setzen.	....
11.	Pass auf das Kind auf. Es nähert sich dem Feuer!	....
12.	Wir nähern uns dem Kreisverkehr.	....
13.	Denkst du, dass sie sich lieben?	....
14.	Sie kennen sich gut.	....
15.	Sie wollen heiraten.	....
16.	Mein Bruder und ich rufen uns jeden Tag an.	....
17.	Sie sehen sich einmal im Jahr.	....
18.	Sie und ich sehen uns bei Jeanne.	....

1. Je me lève à six heures.
2. À quelle heure vous vous levez ?
3. Nous nous réveillons à cinq heures et demie.
4. Tu te laves avec de l'eau chaude ou froide ?
5. Je m'habille vite.
6. Je m'assois pour prendre mon petit déjeuner.
7. Comment vous vous appelez ?
8. Comment tu t'appelles / Comment t'appelles-tu ?
9. Tu te douches ou tu te baignes?
10. Mamie veut s'asseoir dans le fauteuil.
11. Attention à l'enfant. Il s'approche du feu !
12. Nous nous approchons du rond-point.
13. Tu crois/penses qu'ils/elles s'aiment ?
14. Ils/Elles se connaissent bien.
15. Ils/Elles veulent se marier.
16. Mon frère et moi, nous nous téléphonons tous les jours.
17. Ils/Elles se voient une fois par an.
18. Elle/Ils/ Elles et moi, nous nous voyons chez Jeanne.

Ein reflexives Verb steht immer mit einem Reflexivpronomen. In der Grundform steht **se** (*sich*): **se préparer** – *sich vorbereiten*, **se laver** – *sich waschen*. Das Reflexivpronomen ändert seine Form je nach Person und Numerus:

me	**nous**
te	**vous**
se	**se**

Je me lave.	*Ich wasche mich.*
Tu te laves.	*Du wäschst dich.*
Il/Elle se lave.	*Er/Sie wäscht sich.*
Nous nous lavons.	*Wir waschen uns.*
Vous vous lavez.	*Ihr wascht euch.*
Ils/Elles se lavent.	*Sie waschen sich.*

Vor einem Vokal oder stummem **h** unterliegen drei Reflexivpronomen der Elision:
me → m', **te → t'**, **se → s'**.
Weitere Beispiele für reflexive Verben sind: **se lever** – *aufstehen*, **s'asseoir** – *sich setzen*, **s'appeler** – *heißen*, **s'approcher** – *sich nähern*, **s'habiller** – *sich anziehen*.

Mit Inversion würde die Frage lauten:
Comment vous appelez-vous ?
Beim ersten Pronomen **vous** handelt es sich um das Reflexivpronomen, das mit der Verbform verbundene (**appelez-vous**) ist das Personalpronomen **ihr** bzw. **Sie** in Subjektfunktion.

Es gilt immer zu überlegen, ob das einzusetzende Verb mit einer Präposition stehen muss: **s'approcher de qc/qn** – *sich einer Sache/Person nähern*. Außerdem ist zu beachten, dass aus **de + le** die Form **du** gebildet wird.

Einige transitive Verben können als reziproke Verben gebraucht werden. Sie treten dann mit dem Pronomen *sich* oder *einander* (**se**) auf und drücken eine Handlung aus, die auf eine gegenseitige Handlung zwischen zwei oder mehrere Personen bezogen ist:
se téléphoner – *sich anrufen*; **se voir** – *sich sehen/treffen*; **s'écrire** – *sich schreiben*; **se plaire** – *sich gefallen*; **se comprendre** – *sich verstehen*; **s'entendre** – *sich einigen*, **se connaître** – *sich kennen*; **se marier** – *heiraten*.

19.	Sie verstehen sich nicht und wollen sich trennen.	....
20.	Sie schreiben sich Nachrichten/SMS und rufen sich gegenseitig an.	....
21.	Dein Sohn und dieses Mädchen mögen sich, oder?	....
22.	Wir verstehen uns gut, oder?	....
23.	Erinnerst du dich an unseren Besuch bei den Duponts?	....
24.	Ich erinnere mich an unsere Ferien in Frankreich.	....
25.	Sie machen sich über mich lustig.	....
26.	Warum machst du dich über ihn lustig?	....
27.	Ich bin müde, ich ruhe mich aus.	....
28.	Willst du dich auch ausruhen?	....
29.	Sie interessieren sich für Mode.	....
30.	Was ist los?	....
31.	Sie gehen um elf Uhr schlafen.	....
32.	Warum regt sie sich auf?	....
33.	Du musst aufhören zu rauchen.	....
34.	Wo ist der Louvre?	....
35.	Morgens kümmere ich mich um meine E-Mails.	....
36.	Ich gewöhne mich an diesen Lebensstil.	....

19. Ils/Elles ne se comprennent pas et ils/elles veulent se séparer.

20. Ils/elles s'écrivent des textos/SMS et ils/elles se téléphonent.

21. Ton fils et cette jeune fille, ils se plaisent, non ?

22. Nous nous entendons bien, n'est-ce pas ?

23. Tu te souviens de notre visite chez les Dupont ?

24. Je me souviens de nos vacances en France.

25. Ils/Elles se moquent de moi.

26. Pourquoi tu te moques de lui ?

27. Je suis fatigué(e), je me repose.

28. Toi aussi, tu veux te reposer ?

29. Ils/Elles s'intéressent à la mode.

30. Qu'est-ce qui se passe ?

31. Ils/Elles se couchent à onze heures.

32. Pourquoi (est-ce qu') elle se fâche ?

33. Tu dois t'arrêter de fumer.

34. Où se trouve le Louvre ?

35. Le matin, je m'occupe de mon courriel.

36. Je m'habitue à ce mode de vie.

Auch in Verneinungssätzen wird das Reflexivpronomen generell vor das Verb gesetzt:
Je ne m'appelle pas Schmidt. – *Ich heiße nicht Schmidt.*
Ils/Elles ne se connaissent pas. – *Sie kennen sich nicht.*

Das Verb **se souvenir de** (*sich erinnern an*) wird wie **venir** konjugiert:

je me souviens
tu te souviens
il/elle/on se souvient
nous nous souvenons
vous vous souvenez
ils/elles se souviennent.

Verben, die nur in reflexiver Form auftreten, sind:
se souvenir de qn/qc – *sich an jdn./etw. erinnern*; **se moquer de qn/qc** – *jdn./etw. verspotten*; **s'enfuir** – *fliehen*; **se méfier de qn/qc** – *jdm./etw. misstrauen*; **se taire** – *schweigen*; **se reposer** – *sich ausruhen*.
Einige deutsche Verben sind im Gegensatz zum Französischen nicht reflexiv.

Wenn man reflexive und reziproke Verben im Infinitiv (z. B. nach Modalverben) verwendet, steht das Reflexivpronomen vor der Infinitivform:
Je dois me lever. – *Ich muss aufstehen.*

Hier sind weitere Beispiele für wichtige reflexive Verben im Französischen: **se décider à** – *sich entscheiden für*; **s'intéresser à** – *sich interessieren für*; **se mettre à** – *anfangen zu*; **s'habituer à** – *sich gewöhnen an*; **se trouver** – *sich befinden*; **se promener** – *spazieren gehen*; **se coucher** – *schlafen gehen*; **se fâcher** – *wütend werden, sich aufregen*; **s'inquiéter** – *sich Sorgen machen*; **se servir de** – *sich bedienen*; **s'occuper de** – *sich beschäftigen mit*; **s'arrêter de** – *aufhören zu*.

Das Wort **le mode** bedeutet *Methode, Stil, Modus*: **le mode de vie** – *Lebensstil*. Das feminine Substantiv **la mode** hingegen bedeutet *Mode*.

1. Bleib da und warte! ....
2. Schließ die Tür und öffne das Fenster. ....
3. Räum das Zimmer auf. ....
4. Trink Wasser. ....
5. Komm morgen zu uns! / Komm uns morgen besuchen! ....
6. Bring uns zwei Tassen Kaffee. ....
7. Gib mir das Salz. ....
8. Gib ihr, Anne, deine Adresse. ....
9. Gib ihnen deine Visitenkarte. ....
10. Ruf den Arzt an! Ruf ihn sofort an! ....
11. Antworte ihm/ihr. ....
12. Höre Radio. ....
13. Lade deine Freunde ein. Lade sie zum Abendessen ein. ....
14. Hilf deiner Schwester! Hilf ihr jetzt! ....
15. Sei geduldig. Hab Geduld. ....
16. Wach auf, es ist schon sieben Uhr. ....
17. Wasch dich schnell. ....
18. Setz dich hin und ruh dich aus. ....

1. Reste-là et attends !
2. Ferme la porte et ouvre la fenêtre.
3. Range la chambre.
4. Bois de l'eau.
5. Viens chez nous demain ! / Viens nous voir demain !
6. Apporte-nous deux tasses de café.
7. Passe-moi le sel.
8. Donne-lui ton adresse, à Anne.
9. Donne-leur ta carte de visite.
10. Appelle le médecin ! Appelle-le tout de suite !
11. Réponds-lui.
12. Écoute la radio.
13. Invite tes amis. Invite-les à dîner.
14. Aide ta sœur ! Aide-la maintenant !
15. Sois patient. Aie de la patience.
16. Réveille-toi, il est déjà sept heures.
17. Lave-toi vite.
18. Assieds-toi et repose-toi.

I. d. R. entspricht die Imperativform für die 2. Pers. Sg. der 1. Pers. Sg. des Indikativ Präsens:
je bois – *ich trinke*, Imperativ: **bois** – *trink(e)*
je fais – *ich mache*, Imperativ: **fais** – *mach(e)*
je parle – *ich spreche*, Imperativ: **parle** – *sprich*
je cherche – *ich suche*, Imperativ: **cherche** – *such(e)*.
Es gibt hier jedoch auch Ausnahmen z. B.:
je vais – *ich gehe*, Imperativ: **va** – *geh(e)*.

In Imperativsätzen werden bestimmte Pronomen mit Bindestrich an das Verb angehängt. Manche Pronomen verändern dabei ihre Form: Aus **me** wird **moi**, aus **te** wird **toi**.
Zum Vergleich:
Tu me passes ton portable/mobile ? – *Gibst du mir dein Handy?*
Passe-moi ton portable/mobile. – *Gib mir dein Handy.*

Der Ausdruck **tout de suite** bedeutet *gleich, sofort*, z. B. **Je viens tout de suite.** – *Ich komme gleich.*
Bei der Aussprache fällt das mittlere **e** aus und der Konsonant **d** wird stimmlos **[tutsɥit]**.

Das Verb **aider** verlangt keine Präposition:
J'aide maman. – *Ich helfe Mama.*
Je l'aide. – *Ich helfe ihr.*
Aide maman ! – *Hilf Mama.*
Aide-la ! – *Hilf ihr.*

Die Verben **être** und **avoir** haben im Imperativ der 2. Pers. Sg. unregelmäßige Formen:

sois	*sei*	**aie**	*hab(e)*

Den Imperativ verwendet man für Anweisungen, Befehle oder Verbote – Letzteres meist in verneinter Form:
Fais la vaisselle. – *Spül(e) das Geschirr.*
Sors d'ici. – *Geh weg.*
Ne dis rien. – *Sag nichts.*

Wenn reflexive Verben in der entsprechenden Imperativform verwendet werden, wird das Reflexivpronomen an die Verbform angehängt.

19.	Habe Mut.	....
20.	Nimm Milch. Nimm zwei Flaschen (davon).	....
21.	Kaufe Tee. Kaufe (davon) zwei Packungen.	....
22.	Kaufe Eis. Kaufe zwei Packungen Vanille.	....
23.	Füge Zucker hinzu. Füge (davon) einen kleinen Löffel hinzu.	....
24.	Bitte spiel Gitarre.	....
25.	Bitte tanz mit mir.	....
26.	Sag mir bitte die Wahrheit.	....
27.	Bitte sprich nicht mit ihr über meine Probleme.	....
28.	Sag ihm/ihr nicht, wo wir sind.	....
29.	Mach das Fenster nicht auf. Mach es nicht jetzt auf.	....
30.	Iss nicht so viel Süßes.	....
31.	Steh nicht auf, bleib sitzen.	....
32.	Mach dir keine Sorgen. Es geht ihr besser.	....
33.	Weine nicht und schau dort hin.	....
34.	Geh nicht ohne sie.	....
35.	Geh nicht mit ihnen nach Berlin. Bleib bei mir.	....
36.	Park dein Auto nicht hier.	....

19. Aie du courage.

20. Prends du lait. Prends-en deux bouteilles.

21. Achète du thé. Achètes-en deux paquets.

22. Achète des glaces. Achètes-en deux à la vanille.

23. Ajoute du sucre. Ajoutes-en une petite cuillère.

24. Joue de la guitare, s'il te plaît.

25. Danse avec moi, s'il te plaît.

26. Dis-moi la vérité, s'il te plaît.

27. Ne parle pas de mes problèmes avec elle, s'il te plaît.

28. Ne lui dis pas où nous sommes.

29. N'ouvre pas la fenêtre. Ne l'ouvre pas maintenant.

30. Ne mange pas tant de sucreries.

31. Ne te lève pas, reste assise.

32. Ne t'inquiète pas. Elle va mieux.

33. Ne pleure pas et regarde là-bas.

34. Ne pars pas sans elle.

35. Ne pars/va pas avec eux/elles à Berlin. Reste avec moi.

36. Ne gare pas ta voiture ici.

Wörter bzw. Ausdrücke, die eine Menge bezeichnen, werden meist ans Satzende gestellt. Zur Erinnerung: **en** ist ein Pronomen in direkter Objektfunktion (siehe unité 25).

Aus phonetischen Gründen wird vor dem Pronomen **en** ein **s** an die Imperativform angehängt, wenn diese auf **e** endet: **Mange de la salade. Manges-en un peu.** - *Iss den Salat. Iss ein bisschen davon.*

Der Imperativ kann auch dazu dienen, eine Bitte oder einen Ratschlag zu formulieren: **Aide-le, s'il te plaît.** - *Hilf ihm bitte.* **Fais de la gym pour maigrir.** - *Trainiere, um abzunehmen.*

Die Verneinung wird im Imperativsatz wie im Aussagesatz angewandt. Sowohl das Verneinungswort als auch die Pronomen (Satz 28) stehen hier wie im Aussagesatz vor der Verbform.

Das Adverb **mieux** (*besser*) ist der Komparativ von **bien** (*gut*).

Die Präposition **sans** (*ohne*) bedeutet das Gegenteil von **avec** (*mit*): **avec lui** - *mit ihm*, **sans lui** - *ohne ihn*, **avec eux/elles** - *mit ihnen*, **sans eux/elles** - *ohne sie*.

Vocabulaire

....

....

....

....

....

....

....

1. Schauen wir uns diesen neuen Film an. Schauen wir ihn uns zusammen an. ....
2. Lass uns ins Restaurant gehen. ....
3. Gehen wir da entlang. ....
4. Helfen wir den Kindern. Helfen wir ihnen jetzt. ....
5. Laden wir unsere Nachbarn ein. Laden wir sie zu uns ein. ....
6. Lass uns Tischtennis spielen. ....
7. Lass uns in die Stadt fahren. ....
8. Machen wir uns auf den Weg. ....
9. Ruhen wir uns ein wenig aus. ....
10. Setzen wir uns auf die Bank. ....
11. Lass uns keine weißen Blumen kaufen. ....
12. Gehen wir nicht ins Kino. Bleiben wir zu Hause. ....
13. Lass uns nicht hineingehen. Es ist zu spät. ....
14. Seien wir vorsichtig. ....
15. Kommt nicht zu spät. ....
16. Melden wir uns im Fitnessstudio an. ....
17. Seid pünktlich. ....
18. Kommt bald zurück. ....

1. Regardons ce nouveau film.
   Regardons-le ensemble.
2. Allons au restaurant.
3. Passons par là.
4. Aidons les enfants. Aidons-les maintenant.
5. Invitons nos voisins. Invitons-les chez nous.
6. Jouons au ping-pong.
7. Faisons un tour dans la ville.
8. Mettons-nous en route.
9. Reposons-nous un peu.
10. Asseyons-nous sur le banc.
11. N'achetons pas de fleurs blanches.
12. N'allons pas au cinéma. Restons à la maison.
13. N'entrons pas. Il est trop tard.
14. Soyons prudents.
15. Ne soyez pas en retard.
16. Inscrivons-nous à la salle de musculation.
17. Soyez à l'heure.
18. Revenez vite.

In dieser **unité** wird der Imperativ für die Pluralformen besprochen.
Das Verb hat dieselbe Form wie in der entsprechenden Person im Präsens Indikativ, nur fehlt das Pronomen **nous**. Zum Vergleich:
Nous entrons. - *Wir gehen hinein.*
Entrons. - *Gehen wir hinein.*
Nous pensons. - *Wir denken nach.*
Pensons. - *Denken wir nach.*
Handelt es sich um ein reflexives Verb, wird das Reflexivpronomen mit Bindestrich an die Verbform angehängt:
Nous nous promenons. - *Wir gehen spazieren.*
Promenons-nous. - *Gehen wir spazieren.*
Nous nous reposons. - *Wir ruhen uns aus.*
Reposons-nous. - *Ruhen wir uns aus.*
Die Regeln für die Satzstellung bei Verneinungen und bei Verwendung von Pronomen sind dieselben wie für die 2. Pers. Sg. (siehe unité 32).

Der Ausdruck **faire un tour** bedeutet *eine Rundfahrt* bzw. *einen Rundgang machen*:
Faisons un tour dans la rue. - *Gehen wir ein wenig hinaus auf die Straße.*

Das Pronomen **nous** ist hier das Reflexivpronomen.
Der Ausdruck **se mettre en route** bedeutet *sich auf den Weg machen.*

Das Verb **s'asseoir** ist ein unregelmäßiges reflexives Verb.

Es sei daran erinnert, dass nach der Verneinung i. d. R. die Präposition **de** steht.

Hier alle drei unregelmäßigen Imperativformen der Verben **être** und **avoir**:

sois	*sei*	**aie**	*hab(e)*
soyons	*seien wir*	**ayons**	*haben wir*
soyez	*seid*	**ayez**	*habt*

Bei der Aussprache ist darauf zu achten, dass bei **aie** (*habe*) **ai-** wie [ɛ] gesprochen wird. Bei den Formen **ayons** (*haben wir*) und **ayez** (*habt*) spricht man **ay-** wie [ɛj].

19. Bitte machen Sie etwas. ....

20. Ruhen Sie sich nach dem Mittagessen aus. ....

21. Öffnet die Bücher. ....

22. Seien Sie nicht traurig(, meine Dame). ....

23. Machen Sie sich keine Sorgen(, meine Dame). ....

24. Kommen Sie bitte herein. ....

25. Setzen Sie sich. ....

26. Parken Sie nicht hier. ....

27. Macht keinen Lärm. ....

28. Geht nicht hinein, ohne zu klopfen. ....

29. Seid vorsichtig auf der Straße. ....

30. Beeilt euch! ....

31. Haben Sie keine Angst vor dem Zahnarzt. ....

32. Bitte helfen Sie mir(, mein Herr). ....

33. Sprechen Sie langsam(, meine Dame). ....

34. Wiederholen Sie das bitte(, mein Herr). ....

35. Bitte bewegt euch nicht. Ich mache das Foto. ....

36. Bitte öffnet die Champagnerflasche. ....

19. Faites quelque chose, s'il vous plaît.

20. Reposez-vous après le déjeuner.

21. Ouvrez les livres.

22. Ne soyez pas triste, Mademoiselle/Madame.

23. Ne vous inquiétez pas, Madame.

24. Entrez, s'il vous plaît.

25. Asseyez-vous.

26. Ne vous garez pas ici.

27. Ne faites pas de bruit.

28. N'entrez pas sans frapper.

29. Faites attention sur la route.

30. Dépêchez-vous !

31. N'ayez pas peur du dentiste.

32. Aidez-moi, Monsieur, s'il vous plaît.

33. Parlez lentement, Madame.

34. Répétez, s'il vous plaît, Monsieur.

35. Ne bougez pas, s'il vous plaît. Je prends la photo.

36. Ouvrez la bouteille de champagne, s'il vous plaît.

Am Beispiel des Verbs *sich ausruhen, erholen* – **se reposer** wird nochmals verdeutlicht, wie das Reflexivpronomen im Imperativ mit dem Verb verbunden wird.

In den Beispielsätzen sollen die verschiedenen Verwendungsweisen der 2. Pers. Pl. des Imperativs veranschaulicht werden.

In diesem Satz kommt das reflexive Verb **s'inquiéter** – *sich Sorgen machen* zur Anwendung.

Die verneinte Form wird meist zum Ausdruck eines Verbotes verwendet:
Ne restez pas ici. – *Es ist verboten, sich hier aufzuhalten.*
Das reflexive Verb **se garer** ist ein Synonym zu **stationner** – *parken.*

Das Verb **se dépêcher** (*sich beeilen*) ist auch im Französischen ein reflexives Verb.

Hier wird der Ausdruck **avoir peur de** verwendet. Bei der Form **du** handelt es sich erneut um die Zusammenziehung aus **de + le**.

Vocabulaire

....

....

....

....

....

....

....

1.	Danke für Ihre Hilfe(, mein Herr).	....
2.	Bitte schön. / Keine Ursache.	....
3.	Wir sind pünktlich.	....
4.	Sie ist nicht da, schade.	....
5.	Hier ist es schön, oder?	....
6.	Es ist schönes Wetter, nicht wahr?	....
7.	Eigentlich ist mir das egal.	....
8.	Gut, dann bis später.	....
9.	Tschüss! Bis später!	....
10.	Ach! Es ist zu spät.	....
11.	Ich denke nicht.	....
12.	Ist das da drüben deine Frau?	....
13.	Da ist sie.	....
14.	Was für eine Überraschung!	....
15.	Es ist schön, dich wiederzusehen.	....
16.	Bei mir gibt es nichts Neues.	....
17.	Ich gehe nach Paris.	....
18.	Ach ja?	....

1. Merci de votre aide, Monsieur.
2. Je vous en prie. / De rien.
3. On est à l'heure. / Nous sommes à l'heure.
4. Elle n'est pas là, tant pis.
5. On est bien ici, non ?
6. Il fait beau, hein ?
7. En fait, ça m'est égal.
8. Bon, alors, à plus tard.
9. Salut ! À plus !
10. Hélas ! C'est trop tard.
11. Moi, je pense que non.
12. Là-bas, c'est ta femme ?
13. La voilà.
14. Quelle surprise !
15. Ça fait plaisir de te revoir.
16. Pour moi rien de nouveau.
17. Je vais à Paris.
18. Ah bon ?

Nach dem Wort **merci** kann auch die Präposition **pour** stehen. Sie kommt allerdings seltener vor als **de**. Personen, die sich duzen, sagen:
Merci de ton aide. – *Danke für deine Hilfe.*
Je t'en prie. / De rien. – *Bitte. / Nichts zu danken.*

Es lohnt sich, folgende Ausdrücke zu kennen:
être à l'heure – *pünktlich sein*
être en retard – *zu spät kommen*
être en avance – *früh dran sein.*

Der Ausdruck **hein** ([ɛ̃]) ist in Gesprächen sehr oft zu hören und kann in Abhängigkeit von der Situation Verwunderung, eine Frage oder die Erwartung einer Bestätigung bedeuten.

Der Ausdruck **en fait** in der Bedeutung *eigentlich, im Grunde genommen* steht generell am Anfang einer Äußerung. Der Konsonant **t** am Wortende wird ausgesprochen.

Diese Grußformeln sind in der Umgangssprache sehr geläufig.

Bei dem Wort **hélas** (*leider, ach*) wird das **s** am Wortende ausgesprochen.

Der Verweis auf (eine) Person(en) mit dem Wort **voilà** bedeutet im Einzelnen:

Le voilà !	*Da ist er (ja)!*
Les voilà !	*Da sind sie (ja)!*
Me voilà !	*Da bin ich!*
Te voilà !	*Da bist du (ja)!*
Nous voilà !	*Da sind wir!*
Vous voilà !	*Da seid ihr (ja)!*

Wenn man sich an eine Person wendet, mit der man nicht per du ist, sagt man:
Ça fait plaisir de <u>vous</u> revoir, Monsieur / Madame / Mademoiselle. – *Ich freue mich, Sie wieder zu treffen / wiederzusehen.*

Nach **rien** kann man alle möglichen Adjektive verwenden, z. B. **Ce n'est rien d'intéressant.** – *Das ist nichts Interessantes.*
In der Umgangssprache wird der erste Teil der Verneinung meist nicht gesprochen.

19. Das ist großartig. ....

20. Das ist toll/cool. ....

21. Wie viel kostet es? ....

22. Es ist billig. ....

23. Nehmen wir die Fahrräder? ....

24. Warum nicht? ....

25. Oh, Mist! Mein Fahrrad ist kaputt. ....

26. Hör auf, das tut weh. ....

27. Es ist erledigt. / Es ist fertig. ....

28. Justine kommt heute Abend nicht. Es tut mir leid. ....

29. Hör mal, wo ist Annette? ....

30. Keine Ahnung. ....

31. Wir sehen uns in der Pizzeria. ....

32. Ja, großartig! ....

33. Gesundheit! ....

34. Prost! ....

35. Pass auf dich auf. ....

36. Das ist eine gute Arbeit. ....

19. C'est formidable.

Das Wort **formidable** (*großartig, stark, toll*) wird auch in der Umgangssprache häufig gebraucht.

20. Ça, c'est chouette/cool.

21. Ça coûte combien ?

Man kann die Frage auch so stellen: **Combien ça coûte ?**

22. C'est bon marché.

Im Französischen wird in der Bedeutung von *billig* der Ausdruck **bon marché** gebraucht.

23. On prend les vélos ?

Die Frage drückt einen Vorschlag aus.

24. Pourquoi pas ?

Wenn der Vorschlag akzeptiert wird, kann man auch antworten:
Avec plaisir ! – *Gern(e)!*
C'est une (très) bonne idée ! – *Das ist eine (sehr) gute Idee!*
Bien sûr ! – *Selbstverständlich!*

25. Oh, zut ! Mon vélo est cassé.

26. Arrête, ça fait mal.

Der Ausdruck **faire mal** bedeutet *Schmerzen verursachen.*

27. C'est fait. / C'est prêt.

28. Justine ne vient pas ce soir. Je suis désolé(e).

Das Wort **désolé** muss man im Schriftlichen an die Form des Subjekts anpassen:
Elle est désolée. – *Es tut ihr leid.*
Nous sommes désolés. – *Es tut uns leid.*
Ils sont désolés. – *Es tut ihnen leid.* (m.)
Elles sont désolées. – *Es tut ihnen leid.* (f.)

29. Écoute, où est Annette ?

30. Aucune idée.

31. Rendez-vous à la pizzeria.

Den Vorschlag für ein Treffen kann man mithilfe des Wortes **rendez-vous** ohne Verb machen.

32. Ouais, super !

Das Wort **ouais** [wɛ] ist umgangssprachlich und bedeutet *ja.* Mit ihm kann man auch Unlust, Verwunderung, Überraschung und Freude ausdrücken.

33. À tes/vos souhaits !

34. Santé !

35. Prends soin de toi.

36. C'est du bon travail.

Vocabulaire

....

....

....

....

1.	Was machen wir heute?	....
2.	Wir machen heute Nachmittag ein Picknick.	....
3.	Geht ihr heute Abend ins Restaurant?	....
4.	Fährt er morgen los?	....
5.	Welchen Zug nimmst du?	....
6.	Wir sind zu dritt in der Gruppe.	....
7.	Sind das Deutsche?	....
8.	Wir wissen es nicht.	....
9.	Sie sind Musiker.	....
10.	Sie kaufen ihre Kleider hier.	....
11.	Ich bin Student.	....
12.	Ich suche eine Mietwohnung.	....
13.	Sei pünktlich.	....
14.	Geh aus dem Badezimmer.	....
15.	Lass uns Karten spielen.	....
16.	Hallo! Kommst du aus dem Fitnessstudio?	....
17.	Ich bin um acht Uhr wieder da.	....
18.	Das ist kein Problem.	....

1. Qu'est-ce qu'on fait aujourd'hui ?
2. On fait / Nous faisons un pique-nique cet après-midi.
3. Est-ce que vous allez au restaurant ce soir ?
4. Est-ce qu'il part demain ?
5. Quel train prends-tu ?
6. Nous sommes trois dans le groupe.
7. Est-ce qu'ils/elles sont allemands ?
8. On ne sait pas. / Nous ne savons pas.
9. Ils sont musiciens.
10. Ils/Elles achètent leurs vêtements ici.
11. Je suis étudiant.
12. Je cherche un studio à louer.
13. Sois à l'heure.
14. Sors de la salle de bains.
15. Jouons aux cartes.
16. Salut ! Tu reviens de la salle de musculation ?
17. Je reviens à huit heures.
18. Ce n'est pas un problème.

19. Kennst du viele Leute hier? ....
20. Ich kenne nicht viele Leute hier. ....
21. Schau! Das ist La Défense, das moderne Viertel von Paris. ....
22. Ich mag diese neue Architektur. ....
23. Kann ich Ihnen helfen(, meine Dame)? ....
24. Danke, das ist nett. ....
25. Ich möchte dich etwas fragen. ....
26. Wo ist mein Handy? Ich kann es nicht sehen. ....
27. Es ist dort, unter den Büchern. ....
28. Erinnerst du dich an unsere Reise nach Italien? ....
29. Es ist eine unvergessliche Erinnerung. ....
30. Wollen Sie ein Auto mieten? ....
31. Was sagen Sie? ....
32. Wann fliegen sie in die Vereinigten Staaten? ....
33. Sie fliegen im Juni. ....
34. Du musst sie anrufen. ....
35. Ist mein Schlüssel in deiner Tasche? ....
36. Ich weiß es nicht, aber ich denke schon. ....

19. Tu connais beaucoup de gens ici ?
20. Je ne connais pas beaucoup de gens ici.
21. Regarde ! Voilà La Défense, le quartier moderne de Paris.
22. J'aime bien cette nouvelle architecture.
23. Est-ce que je peux vous aider, Madame ?
24. Merci, c'est gentil.
25. Je veux te demander quelque chose.
26. Où est mon portable ? Je ne le vois pas.
27. Il est là, sous les livres.
28. Tu te souviens de notre excursion en Italie ?
29. C'est un souvenir inoubliable.
30. Vous voulez louer une voiture ?
31. Qu'est-ce que vous dites ?
32. Quand est-ce qu'ils/elles vont aux États-Unis ?
33. Ils/Elles partent en juin.
34. Tu dois leur téléphoner.
35. Est-ce que ma clé est dans ton sac ?
36. Je ne sais pas, mais je pense que oui.

37. Um wie viel Uhr kommen deine Eltern? ....

38. Meine Eltern kommen um halb vier. ....

39. Interessieren Sie sich für Mode? ....

40. Wir interessieren uns für Informatik. ....

41. Ich liebe Schokolade. ....

42. Ich esse zu viel davon. ....

43. Kann ich dieses T-Shirt anprobieren? ....

44. Natürlich können Sie es anprobieren. ....

45. Ist euch nicht kalt? ....

46. Doch, uns ist kalt. ....

47. Wir wollen Tee. ....

48. Frag ihn, um wie viel Uhr er kommt. ....

49. Denk an unser Treffen. ....

50. Sag mal, warum bist du traurig? ....

51. Wir müssen nach der Adresse dieses Ladens suchen. ....

52. Ich möchte über deine Probleme sprechen. ....

53. Gibt es hier in der Nähe eine Apotheke? ....

54. Welches Hemd gefällt dir? ....

37. À quelle heure viennent tes parents ?

38. Mes parents viennent à trois heures et demie.

39. Vous vous intéressez à la mode ?

40. Nous nous intéressons à l'informatique.

41. J'adore le chocolat.

42. J'en mange trop.

43. Je peux essayer ce T-shirt ?

44. Bien sûr, vous pouvez l'essayer.

45. Vous n'avez pas froid ?

46. Si, on a / nous avons froid.

47. Nous voulons du thé.

48. Demande-lui à quelle heure il vient.

49. Pense à notre rendez-vous.

50. Dis-moi. Pourquoi tu es triste ?

51. Il faut chercher l'adresse de ce magasin.

52. Je veux parler de tes problèmes.

53. Est-ce qu'il y a une pharmacie près d'ici ?

54. Quelle chemise te plaît ?

55. Mir gefällt das weiße Hemd besser. ....

56. Mach bitte den Fernseher an. ....

57. Kannst du Auto fahren? ....

58. Sie wollen in Deutschland bleiben. ....

59. Es ist heiß heute. ....

60. Wollt ihr in den Park gehen? ....

61. Ich habe Kopfweh. ....

62. Wer ist das? ....

63. Was macht ihr jetzt? ....

64. Was sollen wir machen? ....

65. Wir sollen warten. ....

66. Habt ihr eine Katze oder einen Hund? ....

67. Willst du Tee oder Kaffee? ....

68. Eine Tasse Kaffee, bitte. ....

69. Was ist hinter dem Tor? ....

70. Da ist ein schöner Garten. ....

71. Ich erinnere mich an dich. ....

72. Du hast heute Geburtstag, oder? ....

55. Je préfère la chemise blanche.

56. Mets la télé, s'il te plaît.

57. Est-ce que tu sais conduire ?

58. Ils/Elles veulent rester en Allemagne.

59. Il fait chaud aujourd'hui.

60. Vous voulez aller au parc ?

61. J'ai mal à la tête.

62. Qui est-ce ? / C'est qui ?

63. Qu'est-ce que vous faites maintenant ?

64. Qu'est-ce qu'on doit faire ? / Qu'est-ce que nous devons faire ?

65. On doit attendre. / Nous devons attendre.

66. Vous avez un chat ou un chien ?

67. Tu veux du thé ou du café ?

68. Une tasse de café, s'il te plaît / s'il vous plaît.

69. Qu'est-ce qu'il y a derrière le portail ?

70. Il y a un très beau jardin.

71. Je me souviens de toi.

72. Aujourd'hui, c'est ton anniversaire, non ?

Systematisch und schnell Vokabeln lernen!

Für Beginn & Wiedereinstieg und für Fortgeschrittene

- 800 thematisch sortierte Vokabelkarten mit 1.500 Vokabeln, Wendungen und Beispielsätzen.
- Mit der bewährten 5-Fächer-Methode für Ihren Lernerfolg.
- 100 Bildkarten mit wichtigen Wörtern zum Einprägen.
- **Vokabeltrainer-App:** Alle Vokabeln aus der Box zum Üben für unterwegs.
- Audio-Dateien als **MP3-Download** mit allen Wörtern zum Anhören und Nachsprechen.

Erste bis elementare Grundkenntnisse **ISBN:** 978-3-12-566019-9
Moderate bis fortgeschrittene Sprachkenntnisse **ISBN:** 978-3-12-562997-4